DRESSLER

Paul Maar · KNISTER

Frühling, Spiele, Herbst & Lieder

Großes Handbuch der Lernspiele
zur phantasievollen Beschäftigung
mit Kindern zu Hause und in der Gruppe

Mit Illustrationen von Gesa Denecke

Cecilie Dressler Verlag · Hamburg

© Cecilie Dressler Verlag, Hamburg 1999
Alle Rechte vorbehalten
Liedtexte und Musik von KNISTER
Einband, Layout und Illustrationen von Gesa Denecke
Satz: Clausen & Bosse, Leck
Druck und Bindung: Westermann Druck Zwickau
Printed in Germany 1999*
ISBN 3-7915-1260-9

Inhalt

Sommer

Herbst

Winter

Vorwort

Welches Kind kennt heute noch eine Schallplatte? Würden wir
aber nach einer Festplatte fragen, wüssten sicher mehr Kinder als
Erwachsene den Begriff einem Computer zuzuordnen. Kaum zu
glauben, dass zwischen diesen beiden von Kindern geschätzten
Medien nur eine Generation liegt, also knapp fünfundzwanzig
Jahre. Und trotzdem, mögen sich auch die Medienwelten und
Spielformen für Kinder weiterentwickelt haben, damals wie heute
haben Kinder die gleichen Sehnsüchte nach Abenteuer und Frei-
heit, wollen gelobt und geliebt werden. Wollen spielen, spielen,
spielen.

Klar, dass ein Buch, dass pädagogisch sinnvolle Spiele für Kinder
anbietet, dieser Entwicklung gerecht werden muss – auch oder gerade weil es in den vergangenen fünfundzwanzig Jahren zum Standardwerk für engagierte Eltern, Lehrer und Pädagogen geworden
ist. Wir, die Autoren, haben uns für die Überarbeitung dieses Klas-
sikers viel Zeit genommen. Dabei ist manch Angestaubtes in den
Papierkorb gewandert, anderes, Lohnenswertes wurde aufpoliert
und einiges ganz neu hinzugefügt.

Für uns Autoren war es besonders interessant festzustellen, dass
die zahllosen Spiele und Aktivitäten, die wir uns vor so langer Zeit
ausgedacht haben, um in phantasievoller Förderung die Konzen-
trationsfähigkeit der Kinder zu steigern oder ihre Wahrnehmungsfähigkeit zu schulen, heute mehr denn je angezeigt sind.

Auch die Ordnung des Buches nach Jahreszeiten und Sinngrup-
pen wurde beibehalten, weil sie übersichtlich und praxisorientiert
ist, um sowohl mit dem einzelnen Kind als auch in der Gruppe zu
arbeiten, und nicht zuletzt , weil sie sich bewährt hat. Damit in der
Praxis einzelne Übungsangebote nach Bedarf herausgepickt werden können, wurden den verschiedenen Aktivitäten entsprechende Piktogramme zugeordnet (siehe Seite 9 »Wegweiser durch das
Buch« und Seite 198 »Register«). Folgt man allerdings den Ange-

boten entsprechend der Buchreihenfolge, ergibt sich in den einzelnen Kapiteln ein Übungsaufbau, der nach lerntheoretischen Erkenntnissen strukturiert ist und sich an den Prinzipien ganzheitlich handelnden Lernens orientiert.

Wir wünschen allen Eltern und Pädagogen viel Freude und Erfolg mit diesem Buch, gleich ob zu Hause, im Kindergarten, Hort, in der Schule oder Sonderschule, und bedanken uns beim Dressler Verlag, der es möglich gemacht hat, dieses Standardwerk frisch und zeitgemäß neu herauszubringen.

Paul Maar & KNISTER

Wegweiser durch das Buch

Beobachten,
Experimentieren

Malen, Basteln

Vorlesen

Theater- und
Schattenspiele

Spielen

Ausdrucks- und
Bewegungsspiele

Sprachspiele,
Zungenbrecher

Fingerspiele

Rhythmische
Spiele

Flunker-
geschichten

Lieder

»Action!«

FRÜHLING

Die Jahreszeit

Vorlesen/Eine kleine Einführung

Vorlesen ist eine der schönsten und beliebtesten Arten des Spielens und Beschäftigens mit Kindern. Man kann es drinnen und draußen tun, zu jeder Tages- und zu jeder Jahreszeit. Deshalb beginnt jedes Hauptkapitel dieses Buches mit einer Jan-und-Jule-Geschichte, und auch innerhalb der Kapitel gibt es immer mal wieder etwas zum Vorlesen.

Wenn man einer Kindergruppe etwas vorlesen will, ist es schön, dies stets mit einem festen Ritus einzuleiten. Begleitet vom metrischen Schlagen eines Triangels (oder einer Kindertrommel oder eines Kochlöffels auf dem Topfboden) gehen wir durch den Raum und sammeln die Kinder in Rattenfängermanier ein, um sie zum Leseplatz zu führen. Dabei wird folgender Text gesprochen (die Schläge sind im Text unterstrichen):

Alle <u>schleichen</u> <u>durch</u> den <u>Raum</u> –
<u>wir</u> sind <u>still</u>, man <u>hört</u> uns <u>kaum</u>.

Die Begriffe *Metrum* und *metrisch* werden auf Seite 34 ausführlich erklärt.

Die folgende Einleitung kann so lange vor die Jan-und-Jule-Geschichten gesetzt werden, bis allen Kindern die Figuren zu einem festen Begriff geworden sind:

Jan und Jule

Jan und Jule wohnen mit Vater und Mutter in einem Haus. Jan und Jule sind Geschwister. Jan ist der Bruder von Jule. Jule ist die Schwester von Jan. Sie sind ungefähr so alt wie ihr.

Jan wartet auf den Frühling

Jan und Jule sitzen im Kinderzimmer. Jule baut eine Burg aus Legosteinen und Jan blättert in einem Bilderbuch. Dann wird es ihm langweilig. Er steht auf und geht zu Mama ins Wohnzimmer.

»Du, Mama, was soll ich denn mal spielen?«, fragt Jan.

Mama überlegt. »Wo ist denn Jule?«, fragt sie dann.

»Die spielt mit Lego«, antwortet Jan. »Aber dazu habe ich keine Lust. Wir könnten doch endlich mal in den Zoo gehen, du hast es mir schon so lange versprochen!«

»In den Zoo?«, fragt Mama erstaunt. »Dazu ist es doch jetzt viel zu kalt. Die meisten Tiere sind noch in ihren Winterhäusern und man kann sie nicht sehen. Aber ich versprech dir: Wenn der Frühling kommt, gehen wir zusammen in den Zoo.«

Jan wartet jeden Tag auf den Frühling, aber er kommt und kommt nicht. Nach drei Wochen sind sie immer noch nicht in den Zoo gegangen und Jan wird immer ungeduldiger.

Eines Mittags klingelt es lange an der Haustür. Das ist bestimmt der Frühling!, denkt Jan aufgeregt.

Da hört er, wie Mama an der Tür sagt: »Ach, guten Tag, Frau Zwick. Kommen Sie doch rein!«

Jan ist enttäuscht. Das war wieder nicht der Frühling!

Kurz darauf klingelt es noch einmal. Jan hört, wie Mama mit einem Mann spricht. Als sie von der Haustür zurückkommt, fragt Jan gespannt: »Mama, war das nun der Herr Frühling?«

Mama lacht und sagt: »Wie kommst du denn darauf?«

»Du hast doch gesagt, wenn der Frühling kommt, gehen wir zusammen in den Zoo«, sagt Jan.

Jetzt versteht Mama. »Aber Jan, der Frühling ist doch kein Mann«, erklärt sie ihm. »Der Frühling ist eine Jahreszeit!«

Jan schaut Mama fragend an.

»Ich mach dir einen Vorschlag«, sagt Mama. »Wir gehen jetzt zusammen spazieren und dabei zeige ich dir, woran man den Frühling erkennt.«

Wir gehen spazieren

Spaziergänge im Frühling bieten vielfältige Möglichkeiten, Kinder die Veränderungen der Natur entdecken zu lassen. Schon im Februar sind manchmal dicke Knospen zu finden und dann kommen in rascher Folge die ersten Weidenkätzchen, die ersten Blumen, die ersten blühenden Obstbäume und die ersten grünen Blätter. Da sich Pflanzen unterschiedlich entwickeln, bietet sich sicher auch einmal Gelegenheit, den Kindern das zeitliche Nacheinander von Knospe, Blatt und Blüte als Nebeneinander zu zeigen und sie vergleichen zu lassen.

Im Vorfrühling, oder wenn es regnet, können wir gemeinsam mit den Kindern schon einmal »Wachsen« spielen.

Pflanzen wachsen

Wenn alle Kinder sich müde getobt haben, suchen sie sich irgendwo im Raum einen Platz auf dem Boden und setzen sich hin. Nun kann man ihnen erklären, dass sie die Blumen spielen sollen und man selbst den Regen. Wer vom Regen berührt wird, wächst in die Höhe:

> *Scheine, Sonne, scheine,*
> *dass die Blume wachsen kann.*
> *Regne, Regen, regne,*
> *dass die Blume wachsen kann.*
> *<u>Tropf</u>, Regen, <u>tropf</u>*
> *der Blume auf den Kopf.*

Spielverlauf:
Die Kinder sitzen gut im Raum verteilt. Wir gehen mit ruhigen Schritten durch die Kindergruppe und sprechen den Text magisch und beschwörend. Bei »Tropf« bleibt man vor einem Kind stehen und tippt ihm auf den Kopf. Mit der Hand deutet man eine ruhige Aufwärtsbewegung an, der das Kind folgen kann. Dies wird so oft wiederholt, bis alle Kinder vom Regen angetippt

16

wurden und stehen. Aus einzelnen Blumen ist nun ein Blumenbeet geworden!

Hier ist gewachsen, wie ihr seht,
ein wunderschönes Blumenbeet.

Die Pflanze wächst

Noch vor einigen Jahren gab es in vielen Familien eine Super-8-
Kamera, mit der man Familienereignisse festhielt. Inzwischen
wurden diese Kameras durch die technisch perfekteren Video-
kameras oder Camcorder verdrängt. Das ist ein bisschen schade,
weil man mit den alten Kameras viel besser kleine Zeichentrickfilme drehen konnte. Aber es geht auch mit der Videokamera.
Unser ganz einfacher Zeichentrick soll zeigen, wie im Frühjahr aus
einem kahlen Strauch erst die Blätter, dann Knospen und schließlich die Blüten sprießen. Das kann man in zehn Phasen recht gut
darstellen.
Das Prinzip des Zeichentricks kann man den Kindern vorher mit
Hilfe eines (gekauften oder selbst hergestellten) Daumenkinos erklären: Von Bild zu Bild gibt es kleine Veränderungen, die wir
beim schnellen Durchblättern als Bewegung wahrnehmen.

Durchführung:
Die Kinder bekommen zehn gleich große Papierblätter aus einem
möglichst dünnen, durchscheinenden Papier. Diese zehn Blätter
werden mit einem Locher übereinander liegend gelocht und in einen Aktenordner o. Ä. eingeheftet. Die ersten neun Blätter werden
nach links umgeschlagen, sodass rechts nur noch das zehnte liegt.
Das Kind zeichnet nun als schwarze Linienzeichnung auf dieses
Blatt einen Zweig, völlig ohne Blätter. Dann wird das neunte Blatt
nach rechts geklappt, sodass es genau auf dem zehnten liegt. Der
gezeichnete Zweig ist durch das dünne Papier hindurch gut zu erkennen. Das Kind zieht auf dem neuen Papierblatt die Linien ex-
akt nach und lässt aus dem Zweig einige kleine Blätter sprießen.
Danach wird das nächste Papierblatt nach rechts geholt, die Umrisse des Zweiges werden wieder genau nachgefahren, die Blätter

17

werden aber schon etwas größer gezeichnet als auf dem Vorblatt. So verfährt man weiter von Seite zu Seite: Die Blätter werden noch größer, daneben ist schon eine kleine Knospe sichtbar, die im nächsten Bild ebenfalls größer wird und sich dann zur Blüte entfaltet. Im letzten, zuoberst liegenden Blatt ist dann das Bild fertig, mit vielen großen Blättern und vielleicht sogar zwei großen Blüten.

Der nächste Schritt besteht darin, diese zehn Phasenzeichnungen in der richtigen Reihenfolge aufzunehmen. Dazu stellen wir den Camcorder auf ein festes Stativ und lassen ihn senkrecht nach unten zeigen. Genau darunter legen wir unseren Aktenordner mit den Zeichnungen. Damit sich der Aktenordner nicht verschiebt, wird er mit Klebstreifen am Fußboden befestigt.

Zuerst wird das unterste Blatt aufgenommen, das den kahlen Ast zeigt. Wir schauen durch den Sucher und wählen den Ausschnitt so, dass gerade der Zweig im Bild ist und weder die Löcher im Blatt noch die Befestigung zu sehen sind, drücken auf den Auslöser und lassen die Kamera zwei bis drei Sekunden laufen. Danach entfernen wir das Blatt, legen das darauf folgende in den Aktenordner ein und drücken wieder den Auslöser. So verfahren wir der Reihe nach mit allen zehn Seiten. Da alle Blätter gelocht sind und vor der Aufnahme eingeheftet wurden, zeigt die Kamera immer denselben Ausschnitt und im fertigen Videofilm können dann alle zusehen, wie aus einem kahlen Zweiglein ein frühlingshaft blühendes wird.

Da jede Phase nur etwa drei Sekunden aufgenommen wird, ist der entstandene Film gerade mal eine halbe Minute lang. Die Kinder werden trotzdem mit ihrem kleinen Film zufrieden sein und nicht gleich mit dem Filmen aufhören wollen.

Es bietet sich deshalb an, mit dem Medium weiterzuspielen. Schließlich sind Kamera und Aktenordner bereits installiert.

Variation 1:

Wir nehmen nur das letzte Blatt, heften es wieder ein und nehmen es drei, vier Sekunden auf. Nun darf ein Kind eines der Blätter am Zweig grün ausmalen. Danach wird wieder drei Sekunden der Auslöser gedrückt. Ein anderes Kind malt das nächste Blatt aus, wieder wird aufgenommen und immer so weiter, bis schließlich auch die Blüten eine Farbe bekommen haben. Wichtig ist dabei, dass der Aktenordner gut am Boden festgeklebt ist und zwischen den einzelnen Aufnahmen nicht verschoben werden kann.

Im fertigen Film sehen wir dann, wie ein erst farbloser Zweig immer mehr Farbe bekommt und schließlich ganz ausgemalt ist.

Variation 2:

Wenn die Kinder immer noch nicht die Lust verloren haben, dürfen sie alle zehn Phasenzeichnungen farbig ausmalen. Selbst wenn sie nicht bei allen Blättern das gleiche Grün erwischen und die Farbe der Blüten zwischen Rosa und Hellrot schwankt, macht das nichts. Die zehn Zeichnungen werden nun wie gehabt in der richtigen Reihenfolge aufgenommen. So ist sogar ein farbiger Trickfilm entstanden. Und alle drei Filme hintereinander dauern immerhin schon fast zwei Minuten.

Wer so viel Geduld hat, sogar verschiedene Zeichentrickfilme von verschiedenen Kindern in der beschriebenen Weise aufzunehmen, hat hinterher am Fernsehmonitor einiges zu zeigen.

Die Pflanze wächst / Ein Realfilm

Wenn man den Camcorder für zwei, drei Wochen entbehren kann, könnte man auch das Wachsen der Pflanzen in einem Realfilm zeigen. Voraussetzung ist, dass man nicht in einer tristen Stadtumgebung wohnt, ohne Blick auf einen Baum oder wenigstens auf einen Strauch. Schön wäre ein Apfelbaum oder ein großer Kastanienbaum vor dem Fenster.

Das Prinzip dabei ist, dass die Kamera an fünfzehn oder zwanzig Tagen hintereinander den immer gleichen Blick aus dem Fenster auf einen Baum aufnimmt. Ideal dafür wäre der Zeitpunkt, wenn sich an den Zweigen die ersten zarten Knospen zeigen. Bei warmem Wetter entfalten sich ja Blüten und Blätter innerhalb weniger Tage. Im fertigen Film kann man dann im Zeitraffer bewundern, wie aus kleinen Knospen Blüten und große Blätter werden.

Durchführung:

Der Camcorder wird in einem wenig benutzten Zimmer in kurzer Entfernung vom Fenster auf ein festes Stativ gestellt. Stativ und Kamera werden nun für etliche Tage unverrückt am selben Platz stehen bleiben. Die Kamera sollte so weit im Raum platziert sein, dass man die Fensterflügel bequem öffnen kann. Es empfiehlt sich nämlich, vor dem Filmen das Fenster zu öffnen, weil die meisten Camcorder einen Autofokus besitzen, der die Entfernung automatisch einstellt. Und bei geschlossenem Fenster würde die Kamera die Entfernung zur Fensterscheibe scharf einstellen, nicht aber die zum weiter entfernten Baum jenseits der Scheibe.

Man öffnet das Fenster und richtet die Kamera so ein, dass der Baum von gegenüber groß im Bild ist. Nun drückt man für 20 bis 30 Sekunden auf den Auslöser. Dies wiederholt man jeden Tag, bis der Baum in voller Blüte steht oder die Blätter groß und grün zu sehen sind. Um möglichst alle Kinder mit einzubeziehen, kann man ausmachen, dass jeden Tag ein anderes Kind filmen darf. So haben die Kinder noch mehr das Gefühl, dass es *ihr* Film ist. Und da alle Kinder ungeduldig auf den Tag warten, an dem sie dran sind, wird bestimmt nie der tägliche Druck auf den Auslöser vergessen werden.

Blumen blühen

Die Kinder sitzen wieder auf dem Boden. Nun reden wir mit ihnen darüber, dass Blumen nicht nur in die Höhe wachsen, sondern bei Sonnenschein auch ihre Blumenkelche öffnen. Dies kann man demonstrieren: Die Hände bilden über dem Kopf eine Kelchform. Beim Öffnen der Kelche beschreiben die Hände einen großen Halbkreis, bis die Arme locker herabhängen.

Spielverlauf:

Man erklärt den Kindern, dass sie sich hinknien und die Blumen spielen sollen. Ihre Hände bilden über den Köpfen die Blumenkelche. Man selbst spielt den Regen. Wer vom Regen berührt wird, wächst zunächst in die Höhe und bleibt an seinem Platz (siehe Seite 16).

Wenn alle Kinder stehen, stellen wir uns in die Mitte und bilden ebenfalls mit unseren Händen einen Blumenkelch.

> *Hier ist gewachsen, wie ihr seht,*
> *ein wunderschönes Blumenbeet.*
> *Auf Regen folgt jetzt Sonnenschein.*
> *Der Blumenkelch soll offen sein!*

Wir öffnen den Blumenkelch und alle Kinder folgen unseren Bewegungen.

Die Sonne wärmt

In diesem Körpergedicht erfahren Kinder spielerisch, dass für organisches Wachstum Licht, Wärme (die Sonne) und Feuchtigkeit (der Regen) notwendig sind. Gesprochene Sprache wird dabei in Körpersprache übersetzt. Spielerisch werden Gesten zu Wörtern gefunden.

> *Die Sonne wärmt die Blume,*
> *der Regen macht sie nass.*
> *Bei Sonne und bei Regen,*
> *da wächst sie aus dem Gras.*

Wir sprechen den Kindern zunächst den ganzen Text vor und erzählen ihnen, dass wir mit ihnen ein Spiel machen wollen.
DIE SONNE
Beim Wort Sonne beschreiben unsere Hände, in Kopfhöhe beginnend, einen großen Kreis vor dem Oberkörper. Dies wird mehrmals wiederholt, und zwar immer so, dass Wort und Geste eine Einheit bilden. Möglichst nur durch Blickkontakt, also ohne Worte, fordern wir die Kinder auf, dies nachzumachen. Wenn den Kindern Wort und Geste als Einheit SONNE klar sind und sie es nachvollziehen können, erweitern wir die Übung.
DIE SONNE WÄRMT
Zunächst das Symbol für Sonne. Und dann geht das Sonnensymbol in das Wärmesymbol über: Die Arme werden vor dem Oberkörper gekreuzt, sodass die Handinnenflächen die Schultern berühren.

Die Handinnenflächen werden in einer Streichelbewegung von den Schultern bis zu den Ellenbogen geführt.

DIE SONNE WÄRMT wird als Einheit verstanden. Die Bewegungen sollten präzise ausgeführt werden und dabei doch fließend ineinander übergehen.

DIE BLUME

Die Blume kann wieder als einzelnes Symbol geübt werden. Wie vorher bilden unsere Arme über dem Kopf eine Kelchform.

Nun wird die ganze erste Zeile im Zusammenhang geübt. Besonders wichtig ist es, langsam zu sprechen.

DER REGEN MACHT SIE NASS

Diese Zeile wird als Einheit aufgefasst. Die Finger stellen die fallenden Regentropfen dar. Alle Finger bewegen sich vor und zurück. Um den Regen von oben nach unten fallen zu lassen, beginnt man die Übung mit nach oben ausgestreckten Armen. Die regnenden Finger werden vom höchsten Punkt in Richtung Kopf geführt; wenn die Finger den Kopf berühren, rinnt der Fingerregen über die Stirn bis zum Kinn.

BEI SONNE UND BEI REGEN

Hier greifen wir auf die bereits erarbeiteten Symbole für Sonne und Regen zurück.

DA WÄCHST SIE AUS DEM GRAS

Diese Zeile wird wieder als Einheit verstanden. Das Symbol für Wachstum sieht so aus: Die Arme hängen herab, die Handrücken berühren sich. Die Hände werden nun direkt vor dem Körper nach oben geführt, bis die Arme über dem Kopf ganz ausgestreckt sind.

Die Handrücken sollten so lange wie möglich zusammenbleiben. Wenn die Arme ganz ausgestreckt sind, berühren sich die Fingerspitzen. Aus der Aufwärtsbewegung heraus werden die Arme vom höchsten Punkt in einer weiten Greifbewegung zum Körper zurückgeführt, bis die Arme wieder locker herabhängen.

Diese Übung soll ein Spiel bleiben. Deshalb sollte man darauf achten, dass das Erarbeiten der Texte und Symbole nie zum Einpauken ausartet. Je nach Situation und Auffassungsgabe der Kinder unterscheidet man z. B., ob man die Übung zunächst einmal unterbricht und das bereits Erarbeitete in einen Zusammenhang bringt oder ob man bereits die nächste Textzeile erarbeiten kann.

Mit dem Kopierer spielen und gestalten

In vielen Haushalten und Büros stehen inzwischen Kopierer und werden meist nur fürs Vervielfältigen von Briefen benutzt. Dabei kann man mit Kopierern herrlich spielen. Man kann zum Beispiel nicht nur Papierblätter kopieren, sondern auch Baum- und Buschblätter, die man vorher so arrangiert, dass sie ein Ornament bilden.
Überhaupt ist es reizvoll, viele unterschiedliche flache Materialien neben- und übereinander auf die Glasscheibe des Kopierers zu legen und sich vom Ergebnis überraschen zu lassen (Schnüre, Woll-

fäden, Kämme, Bleistifte, kleine Spielfiguren, Büroklammern, Knöpfe, Nägel, Gabeln, Löffel etc.). Reizvoll ist es auch, den Gegensatz zwischen metallischen und organischen Materialien (Gräser, Blätter, Strohhalme) auszuspielen, indem man etwa einen sich verzweigenden Ast aus aneinander gelegten Büroklammern bildet, an dem echte Blätter »wachsen«.

Reizvoll ist es auch, Kopien immer wieder zusammen mit der Vorlage zu kopieren und so das Ergebnis zu potenzieren und ein reizvolles Muster herzustellen. Hier sollte man allerdings besser keine Materialien kopieren, sondern eine einfache Kinderzeichnung:

Ein Kind zeichnet einen Zweig mit Blättern und Blüten, etwa in der Größe einer Spielkarte. Das Blatt wird kopiert, die kopierte Zeichnung wird dann ausgeschnitten, neben das Original geklebt und wiederum kopiert. Nun hat man schon den Beginn eines Musters, denn nun sind auf der Kopie zwei gleiche Zweige zu sehen. Diese neuen Zweige werden wieder eng um die Zeichnung herum ausgeschnitten und neben oder unter die ersten beiden Zeichnungen geklebt und wiederum kopiert. Als Ergebnis hat man jetzt vier identische Zweige.

Das Spiel kann man nun noch eine Weile weitertreiben. Besonders, wenn man mit dem Kopierer auch verkleinern kann. Am Ende hat man ein richtig schönes Muster aus sechzehn oder gar zweiunddreißig gleichen Zweigen.

Was viele nicht wissen: Statt des normalen Kopierpapiers kann man genauso Transparentpapier einlegen. Das hat den Vorteil, dass man dann die so gewonnene Kopie auch seitenverkehrt einlegen und Reihen bilden kann, bei denen z. B. die Blüte immer abwechselnd nach rechts und nach links weist.

Wie Kresse wächst

Am Wachstum von Kresse lässt sich das Wachsen von Pflanzen anschaulich beobachten, da Kresse sehr schnell keimt und wächst. Sehr gut gedeiht Kresse auf Sand, den man ca. 2 cm hoch in ein Gefäß mit Rand streut – je größer das Gefäß, desto hübscher wird das Ergebnis. Auf diesen Sand sät man den Kressesamen und hält

alles immer gut feucht. Zum Keimen deckt man das Gefäß ab, bis
die ersten grünen Spitzen zu sehen sind, danach wird die Kresse
ins Licht gestellt. Nun kann man jeden Morgen die Fortschritte
beobachten. Das Gießen nicht vergessen.

Kressetürme aus Gefäßen

Aus runden Gefäßen mit verschieden großen Durchmessern lässt
sich ein herrlicher Kresseturm bauen.

Geeignet sind Waschmitteltonnen, Marmeladeneimer, Wasserei-
mer, Kochtopf, Konservendosen usw. bis hin zum Schraubver-
schluss einer Sprudelflasche.

Zunächst bauen die Kinder einen Turm mit leeren Gefäßen, die
man vorher umdreht. So wird für die Kinder anschaulich, wie ein
Turm entsteht, und Begriffe wie groß – größer – am größten oder
auch klein – kleiner – am kleinsten werden anschaulich.

Wenn entschieden ist, aus welchen Töpfen in welcher Ordnung
der Turm gebaut wird, werden diese Gefäße umgedreht, mit Sand
gefüllt und dann wieder als Turm aufgebaut. Auf den so entstan-

denen Terrassen säen wir nun Kresse ein. Wenn alles dicht und grün bewachsen ist, sieht der Turm wie ein kleiner Tannenbaum aus oder noch besser wie ein »Osterbaum«.

Kressetürme aus Ton

Zuerst formen wir mit den Kindern aus kleineren Stücken von Modellierton etwa 10–20 cm lange »Tonwürste«, die auf einer festen Unterlage gerollt werden müssen. Diese Würste werden an den Enden zusammengeführt, die Enden aneinander gepresst und mit angefeuchteten Fingern verstrichen, sodass ein Tonring entsteht.

Jedes Kind lässt nun einen Turm wachsen, indem es mehrere solcher Ringe übereinander legt und durch leichtes Andrücken miteinander verbindet.

Da vermutlich jedes Kind einen verschieden hohen Turm geformt hat, sollten am Schluss alle Einzeltürme zu einer Gemeinschaftsarbeit vereinigt werden. Dazu werden alle Türme nebeneinander auf eine große feste Unterlage (z. B. Spanplatte) gesetzt und leicht aneinander gedrückt. Die größeren Türme sollten in die Mitte gesetzt werden, die kleineren kommen nach außen.

Das Turmgebilde sollte nun ungefähr eine Woche an der Luft trocknen, dann ist der Ton lederhart und bricht nicht mehr so

leicht. Nun werden die Türme bis zum oberen Rand mit Sand gefüllt und der Kressesamen darüber gestreut.

Später, wenn die Kresse geerntet ist, kann man diese Türme auch
zu einem »Busch« oder »Blumenbusch« umgestalten, wenn man
in die sandgefüllten Türme Zweige oder Blumen steckt.

Guten Tag, Frau Nebenmann

Dieses Fingerspiel wird zu einem Endlosvers gespielt, dessen
Schluss immer wieder in den Anfang übergeht:

> *Guten Tag, Frau (Herr) Nebenmann,*
> *sieh dir meine Faust mal an:*
> *Da wachsen ja fünf Blätter raus!*
> *Sieht das nicht wie 'ne Blume aus?*
> *Nein, ich glaub, die Dinger*
> *sind ja meine Finger,*
> *mit denen ich dich kitzeln kann.*
> *Guten Tag, Frau Nebenmann,*
> *sieh dir …*

Spielverlauf:
Wir sitzen mit den Kindern im Kreis oder um einen Tisch herum
und wenden uns an das Kind, das neben uns sitzt. Wir beginnen
das Spiel mit dem Spruch:
Guten Tag, Frau Nebenmann,
(Wir schütteln uns die Hände)
sieh dir meine Faust mal an:
(Man zeigt dem Nachbarn die geschlossene Faust)
Da wachsen ja fünf Blätter raus!
(Die fünf Finger strecken sich nacheinander aus der Faust)
Sieht das nicht wie 'ne Blume aus?
(Die Finger schließen sich zum Blütenkelch)
Nein, ich glaub, die Dinger
sind ja meine Finger,
(Der Kelch öffnet sich zur ausgestreckten Hand)
mit denen ich dich kitzeln kann.

(Gegenseitiges Kitzeln, das – wenn das Kind es nicht mehr aushält – übergeht in Händeschütteln und:)

Guten Tag, Frau Nebenmann …

Nun wechseln wir zum nächsten Kind und achten darauf, dass möglichst alle anderen Kinder die Fingerübungen sehen können. So geht man von einem Kind zum anderen, bis das Spiel eingeführt ist. Kinder, die Text und Fingerübung schon beherrschen, können natürlich miteinander das Spiel mitspielen und laut mitsprechen.

Wenn alle Kinder das Spiel kennen, kann man variieren:

Zwei Personen beginnen mit dem Spiel. Nach dem ersten Kitzeln suchen sich beide Spieler je einen neuen Partner, bis am Schluss alle ins Spiel einbezogen sind (Schneeballsystem).

Abzählvers

Pitsche, pitsche, patsche,
bei Regen gibt es Matsche.
Matsch, matsche, das macht Dreck –
Hände waschen! Du bist weg.

Zungenbrecher

Willi Wirsing will wissen, wo wilde Wälder wachsen.
Wilma Wilding weiß:
»Wo wilde Wiesen wachsen, wachsen wirklich wenig wilde Wälder; wo wilde Wälder wirklich wachsen, wachsen wenig wilde Wiesen.«
Wen wundert's, wenn auf Willi Wirsing wilde Wiesen wie wilde Wälder wirklich widerwärtig wirken!

GROSS UND KLEIN

Jules Hose ist kleiner geworden

Es ist Sonntagmorgen und Jan und Jule schlafen noch. Jule wird als Erste wach und geht gleich zum Fenster. »Schau mal, Jan!«, ruft sie. »So schönes Wetter! Heute können wir den ganzen Tag draußen spielen.«

Aber Jan ist noch müde, er hat noch nicht einmal Lust zum Fenster hinauszusehen.

Jule ist nicht zu bremsen. »Ich zieh die Sommerhose an«, ruft sie, »es ist bestimmt warm genug.«

Jetzt wird Jan munter. »Eine kurze Hose erlaubt Mama bestimmt noch nicht. Ich durfte gestern auch nicht.«

»Ich meine keine kurze Hose«, sagt Jule, »sondern die dünne blaue mit den vielen Taschen.«

Jule geht zum Schrank und holt verschiedene Hosen heraus. Die blaue Hose hängt ganz hinten, weil Jule sie so lange nicht angezogen hat. »Da ist sie ja«, sagt Jule zufrieden und zieht die Hose an. Jan lacht und ruft: »Die ist ja viel zu klein!«

Jule sieht an sich herab und merkt, dass Jan Recht hat. »Das muss ich mir im Spiegel ansehen«, sagt sie und geht hinaus in den Flur. Dort trifft sie Papa. »Stell dir vor, Papa, meine Lieblingshose ist kleiner geworden. Voriges Jahr war sie größer, denn da hat sie noch gepasst«, sagt Jule traurig.

Papa legt Jule den Arm um die Schultern und erklärt: »Nein, die Hose ist nicht kleiner geworden, Anziehsachen bleiben immer gleich groß. Du bist größer geworden.«

»Meinst du, ich bin gewachsen und die Hose nicht?«, fragt Jule.

»Klar«, sagt Vater, »du wächst jedes Jahr ein Stück. Stell dich doch mal hier an die Tür.«

Jule stellt sich mit dem Rücken zur Tür und Vater macht über ihrem Kopf mit Bleistift einen Strich. »An dem Strich kann man sehen, wie groß du jetzt bist«, sagt er. »Nächstes Jahr machen wir einen neuen Strich, und dann wissen wir, wie viel du gewachsen bist.«

»Super. Und jetzt machen wir für dich auch einen Strich«, sagt Jule begeistert.

»Nein, bei mir lohnt sich das nicht«, sagt Papa. »Wenn man erwachsen ist, wächst man nicht mehr. Aber für Jan können wir einen Strich machen.«

Wie groß bist du?

Jedes Kind bekommt einen Bogen Papier, den es für sich selbst gestalten kann. Es kann sein eigenes Foto draufkleben, ein Bild malen, ein bestimmtes Symbol wählen – die Hauptsache ist, dass sich das Kind mit diesem Symbol dann immer identifiziert.

Die Bögen werden in Kopfhöhe der Kinder an die Wand des Spielzimmers gehängt. Nun stellen sich die Kinder davor und wie in der Geschichte vorher wird für jedes Kind ein Strich auf dieses Papier gemacht. Wenn in regelmäßigen Abständen nachgemessen wird, kann jedes Kind selbst sehen, welche Fortschritte es im Wachsen gemacht hat. Außerdem kann es den Platz auf und unter dem Bogen dazu benutzen, um dort Sachen aufzuhängen, die ihm wichtig sind (eigene Malereien, Fotos von Freunden oder vom letzten Urlaub).

Wir gehen spazieren

Auf einem Spaziergang kann man Größenvergleiche anstellen.

»Dort ist ein ganz großes Haus – wer sieht ein kleineres?« »Dort ist ein kleines Auto – wer sieht ein größeres?«

»Was ist größer (höher)? Der Baum dort oder das Hochhaus? Das Auto oder der Zaun? Die Tür oder das Haus? usw.«

Auf dem Heimweg sucht sich jedes Kind einen kleinen und einen etwas größeren Stein und nimmt ihn mit. Diese Steine brauchen wir nämlich für das nächste Spiel.

Kleine Steine – große Steine

Wir setzen uns mit den Kindern um den Tisch. Unter dem Tisch halten die Kinder je einen großen und einen kleinen Stein versteckt. Wir erklären erst den Spielverlauf und sagen dann einen der beiden folgenden Verse:

> *Ein kleiner Stein ist meistens leicht,*
> *ein großer Stein ist schwer.*
> *Jetzt will ich einen leichten Stein,*
> *zeig mal den kleinen her!*

Oder:

> *Ein kleiner Stein ist meistens leicht,*
> *ein großer Stein ist schwer.*
> *Jetzt will ich einen schweren Stein,*
> *zeig mal den großen her!*

Nachdem uns die Kinder den richtigen Stein gezeigt haben, dürfen sie damit rhythmisch auf den Tisch klopfen. Während des Klopfens haben wir Gelegenheit, zu jedem einzelnen Kind zu gehen, um gegebenenfalls zu korrigieren.

Großer, schwerer Stein – kleiner, leichter Stein

Das folgende Spiel sollte man in möglichst kleinen Gruppen oder nur mit einem Kind spielen.

Wir sitzen uns am Tisch gegenüber. Auf dem Tisch liegt ein Tuch. Nun zeigen wir deutlich zwei unterschiedlich große Steine und erklären, dass wir die Steine unter dem Tuch verstecken. Die Kinder dürfen unter das Tuch greifen, um die Steine wieder nach oben zu holen.

Das Kind greift nun unter das Tuch und bekommt die Steine in die Hände gedrückt. Nun sagen wir »Halt!« und erklären, dass das Kind die Steine zunächst mit der Hand umschließen und noch nicht betrachten soll. Durch Fühlen soll es erraten, in welcher Hand es den großen (schweren) und in welcher es den kleinen (leichten) hat. Das Kind kann auch, auf die entsprechende Frage hin, jeweils die Hand mit dem großen oder kleinen Stein heben. Dieses Lernspiel kann man lustig gestalten: mit geheimnisvollen Bewegungen unter dem Tuch, mit dem Kitzeln der Hände unter dem Tuch o.Ä.

Große Formen – kleine Formen

1. Wir verteilen an die Kinder je zwei gleichartige Gegenstände, die sich durch ihre Ausdehnung unterscheiden. Etwa:

1 großer Bauklotz und 1 kleiner Bauklotz
1 großer Schuh, 1 Kinderschuh
1 große Kreisform (Topfdeckel) und 1 kleine (Bierglasunterlage)
1 großer und 1 kleiner Kochlöffel
1 großes und 1 kleines Buch usw.

Die Kinder legen erst den einen, dann den anderen Gegenstand auf eine Malunterlage, halten ihn mit einer Hand fest und umfahren die Außenform mit einem Filzstift oder mit Wachsmalkreiden. Dann werden die beiden Umrissformen miteinander verglichen: »Welche stammt vom großen Schuh, welche vom kleinen?...«

2. Die Kinder umfahren verschiedene Gegenstände und vergleichen die entstandenen Umrissformen miteinander: Schere und
Bauklotz, Schuh und Bürste, Buch und Kochlöffel …
Dabei werden die Kinder die Erfahrung machen, dass Dinge, die
sie vorher als klein eingeordnet haben (kleines Buch), nun im Ver-
gleich zu anderen Gegenständen (z. B. Bauklotz) groß sind. Dadurch ergibt sich die Steigerung: groß – größer – am größten bzw.
klein – kleiner – am kleinsten, die nun auch bildnerisch erfahren
worden ist.
3. Jedes Kind versucht, drei Gegenstände nebeneinander auf ein
Blatt zu zeichnen (durch Umfahren), die sich jeweils in der Größe
unterscheiden. Es beginnt mit der größten Form, daneben kommt
die etwas kleinere, dann wird die kleinste daneben gezeichnet
(klein, kleiner, am kleinsten).

Klaus und Kläuschen

In einem großen, großen Haus,
da wohnt ein Arm mit Namen Klaus.
Der Freund von Klaus heißt Kläuschen
und wohnt im kleinen Häuschen.

Spielverlauf:
In einem großen, großen Haus,
(Die schräg nach oben geführten Arme bilden ein Dach über dem
Kopf)
da wohnt ein Arm mit Namen Klaus.
(Ein Arm wird angewinkelt, die Hand bildet eine Faust)
Der Freund von Klaus heißt Kläuschen
(Die Faust streckt den kleinen Finger aus)
und wohnt im kleinen Häuschen.
(Zeigefingerspitzen beider Hände berühren sich, Daumenspitzen
auch, die Finger bilden ein kleines Haus)

Metrum und metrisches Klatschen

Da diese Begriffe häufig im Buch auftauchen, wird hier der Begriff *Metrum* erläutert.

Wir lassen die Kinder ein beliebiges Lied singen und dazu klatschen. Wenn alle immer gleichmäßig klatschen, wie das Ticken einer Uhr, so sagt man: Alle klatschen in einem Metrum, oder auch: Alle klatschen metrisch.

Wichtig ist, dass das Klatschen immer in gleichen Zeitabständen erfolgt. Wenn eine Gruppe metrisch oder im Metrum klatschen soll, sind keine Zwischenklatscher erlaubt, alle klatschen gemeinsam.

Ein Metrum kann auch geklopft, geschlagen, gegangen usw. werden.

Große Schritte – kleine Schritte

Nachdem sich die Kinder eine Weile frei in einem größeren Raum bewegt haben, nehmen wir das Tamburin, schlagen mit einem Paukenschlägel metrisch und sprechen dazu: »Bumm, bumm, bumm …« Dabei laufen wir mit großen, schweren Schritten durch den Raum. Die Kinder folgen uns.

Wenn sich alle Kinder metrisch im Raum bewegen, wechseln wir die Anschlagsart des Tamburins. Wir schlagen jetzt nur mit den Fingerkuppen und verdoppeln das Tempo. Hierzu sprechen wir deutlich und leiser: »Trippel, trappel, trippel, trappel …« Wir bewegen uns dabei schnell durch den Raum. Die Kinder folgen uns. Alle Beteiligten vollziehen diesen Wechsel mehrfach nach. Wir sind bei jedem Wechsel bemüht, die unterschiedlichen Gangarten auch akustisch zu unterstreichen. (Lautes Stampfen bei großen Schritten, leises Trippeln bei kleinen Schritten.)

Nachdem dieser Teil der Übung abgeschlossen ist, versammeln wir die Kinder um uns auf dem Boden. Sie sprechen über Mäuse und Elefanten. Wir sind bemüht, den Kindern immer wieder Möglichkeiten zur nichtsprachlichen Äußerung zu geben, indem wir sie verschiedene Eigenarten der beiden Tiere spielen lassen:

Große Elefanten – aufrechtes Gehen und »Trompeten«.

Kleine Maus in der Hocke – die Finger bilden Mäusebart.

Lautes Elefantengebrüll – leises Mäusepiepen.

Lautes Elefantenstampfen – leises Mäusetrippeln.

Nun geben wir eine neue Übungsanweisung:

»Bei den lauten Schlägen des Tamburins hören wir Elefanten große Schritte machen. Bei den leisen Schlägen hören wir die leisen Trippelschritte der kleinen Mäuse.«

Die Kinder folgen nun dem wechselnden akustischen Signal. Als Variante ist auch ein visuelles Signal möglich:

»Wenn ich mich klein wie eine Maus mache, sehe ich die Mäuse laufen. Mache ich mich ganz groß, sehe ich viele Elefanten.«

Die gleiche Übung ist auch umgekehrt denkbar. Jeweils ein Kind bewegt sich vor der Gruppe, die auf die Gangart reagiert, die das einzelne Kind gewählt hat. Stampft das Kind durch den Raum, recken die Kinder der Gruppe ihre Arme in die Höhe (machen sich groß). Beim leisen Trippeln (kleine Schritte) gehen die Kinder in die Hocke.

Die Maus und die Elefanten

Die Kinder stellen sich hintereinander in einer Reihe auf. Sie legen ihre Hände dem Vordermann auf die Schulter (die Arme sind der Rüssel).

Jetzt laufen die Kinder durch den Raum (Polonaise). Wir achten darauf, dass die Elefantenreihe nicht abreißt.

Auf Zuruf bleiben alle Elefanten stehen und spreizen ihre Beine, sodass diese hintereinander gesehen einen Tunnel bilden.

Der letzte Elefant der Gruppe löst sich und macht sich so klein er kann. Nun spielt er die Maus, die zwischen den Elefantenbeinen der großen Elefanten durchkriechen kann. Die Maus kriecht von hinten durch den Tunnel, um dann die Spitze der Elefantenreihe zu bilden, die sich wieder in Marsch setzt. Die Übung wird fortgesetzt, bis alle Kinder einmal die Maus gespielt haben.

Falls die Körpergröße der einzelnen Kinder so unterschiedlich ist, dass ein Durchkriechen des Beintunnels nicht für alle Kinder möglich ist, bietet sich folgende Spielvariante an:

Die Polonaise bewegt sich wie beschrieben. Kommt sie zum Stillstand, strecken die Kinder ihre Arme möglichst lang aus, sodass die Hände gerade noch die Schulterspitzen des Vordermannes berühren. Nun macht sich die Maus wieder klein und bewegt sich in einem Zickzack-Slalomkurs unter den Armen der Kinder in der Reihe von hinten nach vorn. Ansonsten verläuft das Spiel wie beschrieben.

Abzählvers

In meinem kleinen Kinderbett,
da schläft ein Nilpferd, groß und fett.
Doch kaum hat mich das Tier gesehn,
da läuft es weg, und du musst gehn!

Einführung
in die Flunkergeschichten

Die Flunkergeschichte soll nicht als Vorlesegeschichte verstanden werden, sondern sie ist eine besondere Spielform, bei der die zuhörenden Kinder eine aktive Rolle übernehmen. Die Reaktionen der Kinder zeigen uns, wie gut sie alles Vorhergehende verarbeitet haben.

Die Flunkergeschichten haben feste Spielregeln, die immer beibehalten werden sollten; das hilft den Kindern bei der Wiedererkennung der Flunkergeschichten und trennt diese von der Realität:

Alle Kinder sollten so sitzen, dass wir Blickkontakt halten können.

Dann erzählen wir (oder erinnern daran), dass in den Flunkergeschichten eine Flunkerfamilie vorkommt, bei der vieles nicht stimmt. Es gibt Flunkervater, Flunkermutter und den kleinen Flunker.

Zunächst wird die Geschichte einmal ganz vorgelesen. Beim zweiten Vorlesen beginnt das Spiel.

Alle Kinder gehen möglichst tief in die Hocke, bis in der Geschichte eine Stelle vorkommt, die nicht stimmen kann.

Sobald jemand eine solche Textstelle hört, springt er hoch, reckt die Hände in die Luft und ruft: »Geflunkert, geflunkert!«

Nun unterbrechen wir das Vorlesen und lassen das Kind erklären, wie es richtig heißen müsste.

Um den Kindern genügend Zeit zu geben, machen wir nach jedem Satz eine längere Pause, auch wenn in dem Satz keine Verdrehung vorkommt.

Flunkers Elefantenmäuse

Flunker hat Geburtstag. Er darf sich ein Geschenk wünschen.

»Ich wünsche mir einen lebendigen Elefanten, auf dem ich reiten kann«, sagt Flunker.

Flunkermutter lacht und sagt: »Ein Elefant ist doch viel zu klein. Der passt doch nicht in unsere Wohnung.«

»Dann wünsche ich mir eben eine Maus. Vielleicht lernt sie Fußball spielen. Dann spiel ich mit ihr«, sagt Flunker.

»Das geht aber nicht«, sagt Flunkervater. »Ein Fußball ist doch viel kleiner als eine Maus.«

»Aber reiten kann ich auf der Maus«, sagt Flunker.

»O nein!«, ruft Flunkermutter. »Menschen können nicht auf Mäusen reiten. Dazu ist die Maus viel zu groß.«

»Dann wünsch ich mir eben eine Katze«, meint Flunker.

»Das ist gut«, sagt Flunkermutter. »Eine Katze ist größer als ein Elefant und kleiner als eine Maus.«

»Und was machst du, wenn die Katze auf einen hohen Schrank klettert?«, fragt Flunkervater.

»Dann hole ich sie herunter«, antwortet Flunker.

»Dazu bist du aber zu groß«, meint Flunkermutter.

»Dann stell ich mich eben auf einen Stuhl, damit ich kleiner werde«, sagt Flunker.

Wir messen mit dem Maßband

Wir brauchen:
ca. 20 m Paketschnur, aufgewickelt auf Holz oder feste Pappe in der Größe eines Schuhkartondeckels, Klebeband (stark klebend), ca. 20 zurechtgeschnittene Kartonplättchen in der Größe einer Spielkarte und einen Holzstab von ca. 20 cm Länge. Dieser wird an das Ende der Schnur geknotet und stellt den Nullpunkt der Messschnur dar, gleichzeitig ist er ein Haltegriff.

Spielverlauf:
Ein Kind stellt den Fuß auf das Maßband, sodass die Ferse den Nullpunkt (Haltegriff) berührt. Die Länge des Fußes wird nun durch Klebeband markiert. An dieses Klebeband wird das vorbereitete Kärtchen geklebt. Auf das Kärtchen wird jetzt ein Fuß gezeichnet, sodass für alle Kinder verständlich ist, dass die Markierung die Länge des Fußes angibt.

Nach Belieben wird weiter vermessen: Arm, Kind, Schrank, Sprudelflasche, Staubsauger, Fenster usw. An jede vermessene Einheit, die immer beim Nullpunkt beginnt, wird sofort das Markierungskärtchen angeheftet und mit dem betreffenden Bild versehen.

Während des Messens vergleichen wir immer wieder die verschiedenen Größen: größer als, kleiner als usw.

38

Wir bauen eine Schattenspielbühne

Für das nachfolgende Spiel richten wir mit den Kindern eine Schattenspielbühne ein. Wenn eine Puppenspielbühne vorhanden ist, wird einfach vor die Spielöffnung dünner weißer Stoff mit Reißzwecken straff gespannt.

Aus einem großen Pappkarton ist leicht eine Schattenspielbühne zu bauen. Ideal ist ein Waschmaschinenkarton, es reicht aber auch ein Fernsehgerätkarton, den man in jedem Elektrogeschäft kostenlos bekommen kann. Eine Seite des Kartons bleibt offen, in die gegenüberliegende Seite wird mit einem scharfen Messer eine Spielöffnung geschnitten (ca. 30 x 40 cm). Diese Öffnung wird mit Pergamentpapier wieder überklebt. Damit die Kinder später leichter hantieren können, befindet sich diese Projektionsfläche im oberen Bereich des Kartons. Beim Spielen wird der Karton auf einen Tisch gesetzt. In die obere waagerechte Deckelfläche wird genau oberhalb der Projektionsfläche eine 20 cm breite Öffnung geschnitten, die es erlaubt, die Schattenfiguren nach oben aus dem Karton zu schieben, damit sie für den Zuschauer sichtbar werden. So ist es möglich, Schattenratespiele zu spielen, bei denen die Figuren zunächst zweidimensional als Schattenriss und dann als richtige Figur zu sehen sind.

Der Karton wird von hinten beleuchtet. Dazu eignet sich am besten eine Schreibtischlampe, die mit einer starken Birne bestückt ist. Die Lampe wird auf den Tisch gestellt oder kann, was noch günstiger ist, am Tisch festgeklemmt werden. Bei der Puppenspielbühne wird die Beleuchtung genauso installiert. Der Raum, in dem gespielt wird, sollte leicht abgedunkelt sein.

Große und kleine Schatten

Wir suchen uns einige Gegenstände, die einen besonders markanten Umriss haben, wie z. B. eine Brille, Schere, ein grober Kamm, eine Gabel usw. Jeder Gegenstand wird so nah an die Lampe gehalten, dass der Schattenriss deutlich zu erkennen ist.

Die Kinder sollen den Gegenstand erraten. Dann wird die Lampe näher gerückt und der Schattenriss vergrößert sich. Das macht Kindern großen Spaß!

Auf Seite 62 finden Sie das Schattenspiel »Gemeinsam sind wir stärker«. Da es auch dort um das Thema »Groß und klein« geht, passt dieses Stück gut in das Umfeld dieses Kapitels.

Das Bärenspiel

Das Bärenspiel ist ein einfaches Zählspiel, bei dem die Zahlenreihe vorwärts und rückwärts geübt wird. Außerdem werden die Begriffspaare weniger – mehr, große Menge – kleine Menge eingeübt.

Das eine Ende eines ca. 10 m langen Seils wird an einem frei stehenden Baum festgebunden. Das Seil muss fest verknotet sein, es darf sich nicht mitdrehen; wenn man um den Baum geht, muss es sich aufwickeln.

Alle Kinder bilden einen weiten Kreis um den Baum. Das freie Ende des Seils wird gestrafft und von fünf Kindern (= Bären) festgehalten. Das erste Kind hält das Seil ganz außen, das nächste Kind fasst das Seil in mindestens 50 cm Abstand usw.

Beim Spiel gehen die fünf Kinder, die das Spiel beginnen, immer in der gleichen Richtung um den Baum und sprechen gemeinsam:

> Fünf *Bären gehen mit Gebrumm*
> *immer um den Baum herum.*
> *Fünf Bären gehen mit Gebrumm*
> *immer …*

Die Kinder gehen so lange um den Baum herum und sprechen den Vers dabei, bis es nicht mehr weitergehen kann, weil sich das Seil bis zum innen gehenden Kind um den Baum aufgewickelt hat. Das innen gehende Kind ruft:

> *Halt! Es geht nicht mehr!*

Alle Bären bleiben stehen und sagen:

> *Solln die Bären weiterdrehn,*
> *muss einer von den Bären gehn!*

Der fünfte, innen gehende Bär verlässt seinen Platz am Seil und stellt sich in die Kinderrunde. Die restlichen Bären trotten weiter um den Baum, alle sprechen dabei:

> Vier *Bären gehen mit Gebrumm*
> *immer um den Baum herum.*
> Vier *Bären gehen …*

Ist der nächste Bär am Baum angelangt (Halt! Es geht nicht mehr!), heißt es wieder:

> *Solln die Bären weiterdrehn,*
> *muss einer von den Bären gehn!*

Der vierte Bär verlässt seinen Platz am Seil und gesellt sich zu den umstehenden Kindern. Die Bären marschieren weiter:

> Drei *Bären gehen mit Gebrumm …*

So geht es weiter, bis schließlich nur noch ein Bär übrig geblieben ist. (Bis das Spiel von allen Kindern begriffen wurde, sollten wir immer den letzten, außen gehenden Bären spielen.) Der letzte Bär sagt jetzt:

Ein Bär, der fühlt sich so allein,
drum fällt ihm etwas Gutes ein:
Der eine Bär geht mit Gebrumm
andersherum, andersherum!

Der letzte Bär geht nun in die Gegenrichtung, dadurch wickelt sich das Seil wieder vom Stamm ab und bietet bald Platz für einen zweiten Bären. Deshalb ruft der Bär im Weitergehen:

Jetzt ist Platz, jetzt kommt im Nu
noch ein zweiter Bär dazu!

Ein Kind aus der Gruppe, das den zweiten Bären spielen möchte, geht zum Seil, hält es mit fest, geht mit dem anderen Bären weiter und alle sprechen wieder:

Zwei Bären gehen mit Gebrumm
immer um den Baum herum.
Zwei Bären …

Dann, nach ein, zwei Runden, wenn Platz für einen neuen Bären da ist:

Jetzt ist Platz, jetzt kommt im Nu
noch ein dritter Bär dazu.

Dann, gemeinsam:

Drei Bären gehen …

Bald trotten wieder fünf Bären am Seil um den Baum herum.

Man kann das Spiel beenden, wenn das Seil wieder ganz abgewickelt ist. Theoretisch kann man aber auch ohne Unterbrechung immer weiterspielen.
Natürlich können sich an dem Spiel auch mehr als fünf Kinder beteiligen (in der Ausgangssituation). Denkbar wäre es, dass man erst das Spiel mit vier oder fünf »Bären« beginnt und später, wenn die Kinder die Zahlenreihe von 5 bis 10 beherrschen, gleich mit sechs, sieben oder zehn Kindern anfängt.

GEFÜHLE

Jules Geheimnis

Jule hat ein Geheimnis. Sie allein weiß, dass im Baum vor dem Haus ein Vogelnest gebaut wird. Es ist so gut versteckt, dass man es kaum sehen kann.

Jeden Nachmittag beobachtet Jule die Vögel beim Nestbau. Wenn Mama fragt: »Wo willst du denn hin, Jule?«, antwortet Jule nur, dass sie nach draußen spielen geht. Sie will ihr Geheimnis für sich behalten.

»Hallo, ihr zwei«, sagt Jule, wenn sie am Nest angekommen ist. »Keine Angst, ich bin die Einzige, die weiß, dass ihr hier euer Nest baut. Toll macht ihr das.«

Aber die Vögel antworten nicht.

Beim nächsten Mal klettert Jule auf ein Mäuerchen und kann von da aus das Nest noch viel besser beobachten. Und was sieht sie? Vier Eier liegen im Nest!

In der nächsten Zeit schaut Jule wirklich jeden Tag nach dem Nest und den brütenden Vögeln.

»Gehst du mit mir zum Spielplatz?«, fragt Jan eines Tages.

»Nein, ich habe keine Zeit«, antwortet Jule. Sie will noch immer niemandem von ihrem Geheimnis erzählen. Gleich nach dem Mittagessen geht sie wieder zum Vogelnest. Sie klettert auf das Mäuerchen, um ins Nest hineinzuschauen.

»Mensch, guck doch mal«, ruft sie, aber da fällt ihr ein, dass sie ja allein ist. Nur sie allein kann ins Nest schauen und sehen, dass dort vier kleine Vögel sitzen. Sie sind wohl gerade aus den Eiern geschlüpft.

Das muss sie Jan zeigen! Aufgeregt läuft sie zum Spielplatz und holt Jan ab. Und nun klettern beide auf das Mäuerchen.

»Ist das schön!«, sagt Jan ganz ergriffen. »Schau mal, da kommt die Vogelmutter und bringt den Kleinen Futter!«

»Jetzt bin ich richtig froh, dass ich dir das Nest gezeigt habe«, sagt Jule. »Jetzt kann ich mich mit dir zusammen freuen und wir können uns über die Vögel unterhalten. Das ist viel schöner, als immer allein zu schauen.«

Lachen ist ansteckend

Ziel des Spiels ist es, sein Gegenüber oder alle Kinder zum Lachen zu bringen, wobei schon Grinsen als Lachen gewertet wird. Je nach Situation spielen immer zwei gegeneinander oder einer allein gegen die ganze Gruppe.

Ein Spielpartner versucht also durch Faxenmachen, Grimassenschneiden, komisches Singen o. Ä. die anderen Kinder zum Lachen zu bringen. Die dürfen aber nicht! Sie sollen möglichst ganz ernste Mienen machen und keine Gefühlsregung zeigen. Wer zuerst »weich« wird (lacht), muss als Nächster versuchen, die Spielgruppe zum Lachen zu bringen. Je nach Temperament, Wahrnehmungs- und Ausdrucksfähigkeit der Kinder ist körperliche Berührung (Kitzeln) erlaubt oder nicht.

Worüber man sich freut

Das folgende Gedicht endet mit einer Frage an die zuhörenden Kinder. Es könnte dazu anregen, das Gefühl »Freude« zu erfassen und dann darüber zu reden. Deshalb sollte nach dem Vorlesen des Gedichtes ein längeres Gespräch über das Freuen folgen.

Ich freu mich, sagt der Ulli,
auf meinen neuen Pulli.
Ich, sagt Ulrike, freue mich,
denn heute gibt es Bienenstich!
Drauf überlegen beide dann,
worüber man sich freuen kann:
über 'nen Besuch im Zoo,
über eine Maus im Klo,

über ein Glas Limonade,
über Sahneschokolade,
übern Kaugummi im Mund,
über einen jungen Hund,
übern dickes Kuchenstück,
über laute Popmusik,
über ganz, ganz viel Besuch,
über ein geschenktes Buch,
über einen Film zum Lachen –
so gibt es sicher hundert Sachen,
über die sich Kinder freun.
Fällt euch auch noch etwas ein?

Zeitungsreißen

Die Kinder sitzen im Kreis. Wir nehmen ein Zeitungsblatt (große Doppelseite), reißen es in zwei Hälften und sprechen dabei:

Teilen, teilen, das macht Spaß,
wenn man teilt, kriegt jeder was!

Dann geben wir einem Kind die Hälfte, behalten den Rest, sagen wieder den Spruch, zerreißen die Zeitungshälfte und fordern das Kind auf, es uns nachzutun. Dann geben beide eine Hälfte an zwei andere Kinder weiter. So sind schon vier Personen in das Spiel einbezogen. Nach dem Schneeballsystem wird nun weitergeteilt, bis alle Kinder mitspielen. Dazu wird jeweils der Spruch aufgesagt.

Brücken bauen

Dieses Spiel erfordert viel Platz.
Jedes Kind bekommt zwei Zeitungsseiten. Jedes Kind legt nun eine Seite auf den Boden und soll sich vorstellen, dass diese Blätter Inseln in einem großen Meer sind. Jede Insel hat einen Bewohner (das Kind). Wenn die Inselbewohner sich besuchen wollen, müssen sie Brücken bauen. Dazu hat jeder Bewohner aber nur eine begrenzte Menge Material zur Verfügung (das zweite Zeitungsblatt). Da das Material knapp ist, muss die Brücke von Insel zu Insel jeweils von zwei Kindern gebaut werden. Man darf nur auf Zeitungsteile treten, kein Kind darf das Meer (den Boden) berühren.
Da die Abstände zwischen den Inseln unterschiedlich groß sind, ergibt sich zwangsläufig eine Gemeinschaftsarbeit der Kinder. Mehrere Kinder müssen ihre Blätter zusammenlegen, um ein weit entferntes Kind zu erreichen.
Am Schluss können sich alle Kinder auf den gebildeten Brücken und Inseln durch den ganzen Raum bewegen.

Traurig und lustig

Zur Freude gehört die Traurigkeit. Beide Gefühle kann man an verschiedenen Körpersignalen ablesen und so lernen, sich in die Gefühle eines anderen hineinzuversetzen.

Zuerst stellen wir Freude und Traurigkeit mimisch dar. Die Kinder benennen das dargestellte Gefühl. Dann erklärt man, dass Gefühle nicht nur am Gesicht ablesbar sind, sondern sich in der ganzen Körperhaltung ausdrücken. Deshalb haben wir uns für den folgenden Teil dieser Wahrnehmungsübung eine neutrale Gesichtsmaske gebaut (Pappe mit Augenlöchern und Gummiband). Nun erklären wir den Kindern, dass sie Freude oder Traurigkeit an unserer Körperhaltung oder unseren Bewegungen ablesen sollen. Damit sie diese Gefühle nicht an unserem Gesicht ablesen können, tragen wir die Maske.

Nachdem die Kinder einige Male das dargestellte Gefühl erkannt und benannt haben, dürfen nun auch sie nacheinander die Maske aufsetzen und eines der beiden Gefühle mit ihrem Körper ausdrücken. Die anderen Kinder raten, welche Gefühle dargestellt werden.

Leise Trauer – laute Freude

Das folgende Gedicht bietet einen guten Anlass, um mit Kindern darüber zu reden, dass Traurigkeit ein mehr stilles Gefühl ist, während sich Freude und Fröhlichkeit in der Regel lautstärker ausdrücken.

Bin ich traurig, sitz ich immer
stumm in meinem Kinderzimmer.
Bin ich traurig, bin ich still,
weil ich dann nicht reden will.

Wenn ich aber fröhlich bin,
setz ich mich erst gar nicht hin.
Dann spiele ich und hüpfe immer
laut lachend durch mein Kinderzimmer.

Trauriges Gesicht – lustiges Gesicht

In dieser Übung versuchen die Kinder, den unterschiedlichen mimischen Ausdruck bei Freude und Traurigkeit bildnerisch darzustellen.

Wir erklären ihnen, dass man zwar beobachten kann, dass die Augen eines Menschen lustig oder traurig gucken, je nachdem, ob er fröhlich oder traurig ist. Aber es ist schwierig, das zeichnerisch darzustellen. Leicht lässt sich aber der Unterschied zwischen Freude und Trauer durch unterschiedliche Stellung der Mundwinkel ausdrücken. Wenn man fröhlich ist, gehen die Mundwinkel nach oben, der Mund bildet einen nach unten gewölbten Halbkreis. Bei Trauer hängen die Mundwinkel nach unten, der Halbkreis wölbt sich nach oben.

Wir können das an einem »Obstgesicht« demonstrieren:
Zwei runde Formen (Äpfel, Apfelsinen, Mandarinen, Kirschen usw.) bilden die Augen, ein Apfel oder eine Birne wird als Nase darunter gelegt. Eine stark gekrümmte Banane wird als Mund angefügt: Weisen die Spitzen der Banane nach oben, lacht das Gesicht, weisen sie nach unten, blickt es traurig.
Genauso können wir das an einem Gesicht vorführen, das aus Knöpfen, Bausteinen, Damesteinen usw. gebildet ist. Dabei dürfen

48

die Kinder die Knopfreihe, die den Mund bildet, einmal zu einem lachenden, einmal zu einem traurigen Mund umlegen.

Es bietet sich an, diese Gesichter zu fotokopieren. So können die Kinder auch nach Tagen noch ihre »Knopfgesichter« betrachten oder als Bilder aufhängen.

Im Anschluss daran lassen wir die Kinder fröhliche und traurige Gesichter zeichnen (Wachsmalkreiden, dicke Filzstifte, Tafelkreiden o. Ä.). Als zusätzlichen Zeichentipp können wir den Kindern zeigen, dass ein trauriges Gesicht noch trauriger wirkt, wenn man über die Augen zwei schräg gestellte Augenbrauen zeichnet. Wichtig ist aber dabei, dass die beiden Augenbrauen nach oben zusammengehen (wie bei einem A), würden sie nach unten zusammenlaufen (wie bei einem V), würde aus einem traurigen ein böser Gesichtsausdruck.

Denkmäler im Park

Alle Kinder wissen nun, wie man ein lustiges Gesicht und ein trauriges Gesicht malt. Bei dem folgenden Spiel »malen« wir den Kindern ein Gesicht auf den Bauch. Die Kinder sollen das richtige Gesicht erfühlen und entsprechend reagieren. Das ganze Spiel wird den Kindern am Anfang erklärt; während des Spiels sollte nicht gesprochen werden, auch nicht, wenn sich ein Kind falsch einordnet.

Spielverlauf:
Die Kinder verteilen sich im Raum oder im Garten und laufen in verschiedene Richtungen los, ohne einander zu berühren.

Wir rufen den Namen eines Kindes, das nun kommen soll, während die anderen Kinder laufen. Wir »malen« mit dem Finger ein großes Gesicht auf den Körper und beginnen mit den Augen auf dem Brustkorb, dann folgt als Nase ein Strich, zuletzt wird der Mund auf den Bauch gemalt. Da die Form des Mundes besonders wichtig ist, malen wir besonders langsam, groß und deutlich mit nur einem Strich. Dann weiß das Kind normalerweise, ob es traurig oder lustig spielen soll. Es sucht sich einen Platz im Raum, bleibt stehen und drückt mit seinem Gesicht und seiner Körperhaltung aus, dass es lustig oder traurig ist. Während des ganzen Spiels bleibt das Kind an diesem Platz stehen und spielt so ein Denkmal, lustig oder traurig. Die nächsten Kinder gesellen sich jeweils zu dem Kind, das das gleiche Denkmal spielt, sodass am Schluss Gruppen von lustigen und traurigen Denkmälern entstehen.

Das Fröhlich-Traurig-Lied

Text und Musik KNISTER

1. Moll

Trau-rig, trau-rig, trau-rig schlurf ich durch mein Zim-mer, zum Sin-gen hab ich kei-ne Lust und ich sag nur im-mer o - je, o - je, o - je-mi-ne, o - je, o - je, o Jam-mer, o - je, o-je, o - je-mi-ne, o - je, o - je, o Jam-mer.

2. Dur

Lus-tig, lus-tig, lus - tig hüpf ich durch mein

Zim - mer, zum Sin - gen hab ich gro - ße Lust

und ich sing nur im - mer. Tra - la - la - la -

la - la - la, tra - la - la - la - la - la.

Mit diesem kleinen Lied kann man demonstrieren, dass manche Musik als lustig (Dur) und manche als traurig (Moll) empfunden wird.

Unser Lied besteht aus zwei Strophen. Die erste in Moll und die zweite – mit leichten Veränderungen – in Dur. Die Kinder sollten zunächst nur den ersten Liedteil lernen. Wenn sie diesen traurigen Teil sicher beherrschen, lernen sie den zweiten, lustigen Liedteil. Nun werden beide Strophen immer abwechselnd wiederholt und die Kinder können sich entsprechend lustig oder traurig bewegen.

Die Umkehrmaske

Für dieses Spiel muss jedes Kind eine Maske bekommen – die ganz einfach aus einem Blatt Papier bestehen kann –, auf die vorne ein fröhliches und hinten ein trauriges Gesicht gemalt ist. Man legt sie mit einem Gummiband um den Kopf.

Zu Spielbeginn setzen wir den Kindern die Masken auf und achten darauf, dass sie nicht wissen, ob ihre Maske den fröhlichen oder den traurigen Teil zeigt. Die Kinder sollten dabei nebeneinander mit dem Rücken zur Wand stehen. Jeweils die Hälfte der Kinder bekommt ein lachendes Gesicht und ein trauriges Gesicht. Nun finden sich die Kinder zu Paaren zusammen und fragen sich gegenseitig: »Bin ich fröhlich oder traurig?« An der Antwort erkennen sie, ob ihre eigene Maske mit der ihres Gegenübers übereinstimmt.

Hat sich ein Paar gefunden, bei dem beide fröhlich oder beide traurig sind, halten sie sich an den Händen und warten auf das Spielende. Die anderen Paare lösen sich wieder und suchen so lange, bis sie den richtigen Partner gefunden haben.

Hinweis:
Dieses Spiel hat einen sozialpsychologischen Hintergrund. Aus der Reaktion seines Gegenübers kann man seine eigene Verhaltensweise erkennen und sehen, wie das eigene Verhalten manchmal unerwünschte Reaktionen beim anderen hervorruft.

Einer wird böse gemacht

Es wird oft einer bös gemacht,
von anderen dazu gebracht,
zu schreien und zu schlagen.

Dann wundern sich die andern sehr:
Wo kommt nur so viel Bosheit her?
Sich derart zu betragen!

Drum sagt nicht: Bös ist der und der ...
Fragt lieber mal: Wo kommt das her?
Statt euch nur zu beklagen.

Zungenbrecher

Werner Wehmut will wahrscheinlich wieder weinen,
Ludwig Lustig lacht lieber laut.

Abzählvers

Traurig schleicht der Theo
durch das Haus.
Traurig flüstert Theo:
Du bist raus!

Fröhlich hüpft der Friedrich
durch das Haus.
Fröhlich ruft der Friedrich:
Du bist raus!

Bei diesem Abzählvers werden beide Strophen hintereinander aufgesagt. Das erste »Du bist raus!« wird geflüstert, das zweite laut gerufen.

Bilde ein Paar

Der Spielgedanke ist hier, dass die Kinder aus gleich aussehenden Gegenständen Paare bilden. Wir zeigen dazu den Kindern einen Gegenstand, und die Kinder suchen das Gegenstück, das wir vorher im Raum versteckt haben.
Wir brauchen dazu: ein Paar Socken, ein Paar Kniestrümpfe, zwei Paar Schuhe in verschiedenen Farben, ein Paar Handschuhe, einen Apfel, der halbiert wird, usw. Geeignet sind alle Gegenstände, die genau gleich aussehen. Bevor die Kinder kommen, verstecken wir jeweils einen Teil der Suchpaare im Raum. Die andere Hälfte verpacken wir in eine Tüte, einen Karton o. Ä.

Spielverlauf:
Wir erzählen den Kindern, dass wir wie Jule in der Geschichte ein Geheimnis haben, das die Kinder aber teilen dürfen. Sie müssen nur danach suchen. Damit die Kinder wissen, wonach sie suchen sollen, breiten wir den Inhalt des Kartons vor den Kindern auf dem Tisch aus. Das nun folgende Spiel kann in zwei verschieden schwierigen Varianten gespielt werden.

1. Wir suchen aus allen Gegenständen einen aus, z. B. eine Gabel, und fordern die Kinder auf, eine gleiche Gabel im Raum zu suchen. Alle Kinder machen sich auf die Suche, bis eines die zweite Gabel entdeckt hat. Die gefundene wird nun neben die erste gelegt, ein Paar ist gebildet.

Mit den anderen Gegenständen wird ebenso verfahren, bis alle versteckten Sachen gefunden und zugeordnet sind.

2. Wir legen alle Gegenstände auf den Tisch und sagen den Kindern, dass sie sich die Sachen genau betrachten und einprägen sollen, denn zu jedem gäbe es ein genau gleich aussehendes Gegenstück, das im Raum versteckt sei.

Die Kinder machen sich nun auf die Suche. Wer glaubt, einen der gesuchten Gegenstände gefunden zu haben, nimmt ihn mit und vergleicht ihn mit den Dingen, die auf dem Tisch liegen. Passt er, werden beide nebeneinander gelegt. So hat jedes Kind die Möglichkeit, sich selbst zu kontrollieren und immer wieder nachzusehen, ob der Gegenstand, nach dem es gerade sucht, nicht bereits von einem anderen Kind gefunden wurde.

Haben die Kinder falsche Gegenstände zu Paaren geordnet, sollten wir nicht gleich eingreifen. Im weiteren Verlauf des Spiels werden die Kinder selbst ihren Fehler bemerken.

Ein Teil zu viel

Dieses ist die dritte Variante des vorangegangenen Suchspiels. Der Unterschied besteht darin, dass wir hier zu jedem Gegenstand auf dem Tisch zwei weitere versteckt haben: einen richtigen und einen falschen. Die Kinder müssen genau hinsehen, wenn sie die Gegenstände zu Paaren ordnen wollen. Auch hier sollte nicht zu früh eingegriffen werden.

Beispiele:
Zwei rotweiß gestreifte Kniestrümpfe und ein blauweiß gestreifter, zwei hellblaue Söckchen und ein dunkelblaues, zwei hellbraune Schuhe und ein dunkelbrauner, zwei Apfelhälften und eine Birnenhälfte usw.

Was gehört dazu?

Dieses Suchspiel stellt große Anforderungen an die Kombinationsfähigkeit der Kinder. Hier sollen nicht gleiche Gegenstände gesucht werden, sondern Sachen, die sich ergänzen oder in einem logischen Zusammenhang stehen, wie z. B. Schloss und Schlüssel, Topf und Deckel usw.

Missverständnissen kann man vorbeugen, indem man als Erstes immer den Gegenstand hochhält, der eindeutiger ist. Beispiel: Kombination Korken – Korkenzieher. Zeigen wir den Korken vor, so könnte es sich bei dem zu suchenden Gegenstand um einen Korkenzieher, aber auch um eine Flasche handeln. Zeigen wir aber einen Korkenzieher, so ist wohl klar, dass dazu ein Korken gesucht werden soll. Hier eine weitere Liste von Paaren, bei denen links immer der Gegenstand genannt wird, der zuerst vorgezeigt werden soll:

Deckel	–	Topf
Schlüssel	–	Schloss
Eierbecher	–	(hart gekochtes) Ei
Nussknacker	–	Nuss
Schuhlöffel	–	Schuh
Tasse	–	Untertasse
Schuhriemen	–	Schuh
Zahnpastatube	–	Zahnbürste
Kehrblech	–	Handfeger
Filzstiftkappe	–	Filzstift
Mutter	–	Schraube (beide möglichst groß)
Zitronenpresse	–	Zitrone
Leuchter	–	Kerze

Spielverlauf:

Nachdem die Kinder alle Gegenstände auf dem Tisch betrachtet haben, erklären wir ihnen das Spiel. Wir zeigen den Kindern die Zahnpastatube und fragen, was wohl dazugehört. Nachdem die Kinder die eindeutige Zuordnung »Zahnbürste« gefunden haben, erklären wir ihnen, dass diese im Raum versteckt wurde und von den Kindern gefunden werden soll. Nachdem die Kinder gemeinsam die Bürste gesucht und gefunden haben, wird die Zahnbürste neben die Zahnpastatube gelegt.

Nun sollen die Kinder mit den anderen Gegenständen genauso verfahren, aber allein suchen. Auch diesmal sollten wir in den weiteren Spielverlauf möglichst wenig eingreifen.

GEMEINSAM SIND WIR STARK

Jule braucht Hilfe

Bevor die jungen Vögel im Nest flügge geworden sind, wollen Jan und Jule sie fotografieren. Sie fragen Mama, ob sie den Fotoapparat dafür haben dürfen.

»Nein, besser nicht«, sagt Mama. »Der Fotoapparat ist kein Spielzeug. Wartet lieber, bis Papa heute Abend nach Hause kommt. Es ist besser, wenn er die Vögel fotografiert.«

»Aber heute Abend sind die Vögel vielleicht schon nicht mehr da«, sagt Jule. »Sie lernen nämlich schon fliegen.«

Mama bleibt hart. »Der Fotoapparat gehört Papa und der ist damit immer besonders vorsichtig. So schnell werden die Vögel doch nicht wegfliegen. Ihr müsst schon warten bis heute Abend.«

»Dann gehe ich die Vögel wenigstens besuchen«, sagt Jule.

»Ich komm gleich nach«, ruft Jan. »Ich muss bloß schnell noch aufs Klo!«

Als Jan zum Baum mit dem Vogelnest kommt, sitzt Jule unter dem Baum und weint. »Bist du hingefallen?«, fragt Jan.

»Ich nicht«, sagt Jule, »aber guck mal hier, der Fotoapparat! Ich wollte auf das Mäuerchen klettern, weil man von dort aus besser fotografieren kann. Dabei ist er mir aus der Hand gefallen.«

»Der Fotoapparat?«, fragt Jan erstaunt. Und dann sieht er auch schon die Bescherung. Das Glas der Fotolinse ist zerbrochen.

Jule fängt schon wieder an zu weinen. »Und das Schlimmste ist, dass ich den Apparat heimlich genommen habe. Mama hat es doch verboten! Jetzt ist sie bestimmt sauer.«

Jan nimmt Jule in die Arme und streichelt sie. »Jetzt hör doch erst mal auf zu weinen«, sagt er. »Weißt du was? Wir sagen einfach, wir hätten den Fotoapparat zusammen weggenommen.«

»Meinst du?«, fragt Jule und wischt sich die Tränen ab. »Und was machen wir, wenn Papa heute Abend kommt?«

»Da hilft uns ganz bestimmt Mama«, sagt Jan.

»Wenn wir gemeinsam zu Mama gehen, hab ich schon nicht mehr solche Angst«, sagt Jule. Sie nimmt Jan an der Hand und gemeinsam gehen sie ins Haus.

Kleine Hunde – großer Wolf

In einem großen Raum ist ein Spielfeld markiert.

Ein Kind spielt einen kleinen Hund, der in einem abgegrenzten Spielfeld (dem »Garten«) sich nur auf allen vieren krabbelnd bewegen darf. Diesen Garten darf er nicht verlassen. Er bewacht einen Bauklotz (die »Wurst«). Die Wurst liegt im »Haus« hinter dem Garten (siehe Abbildung).

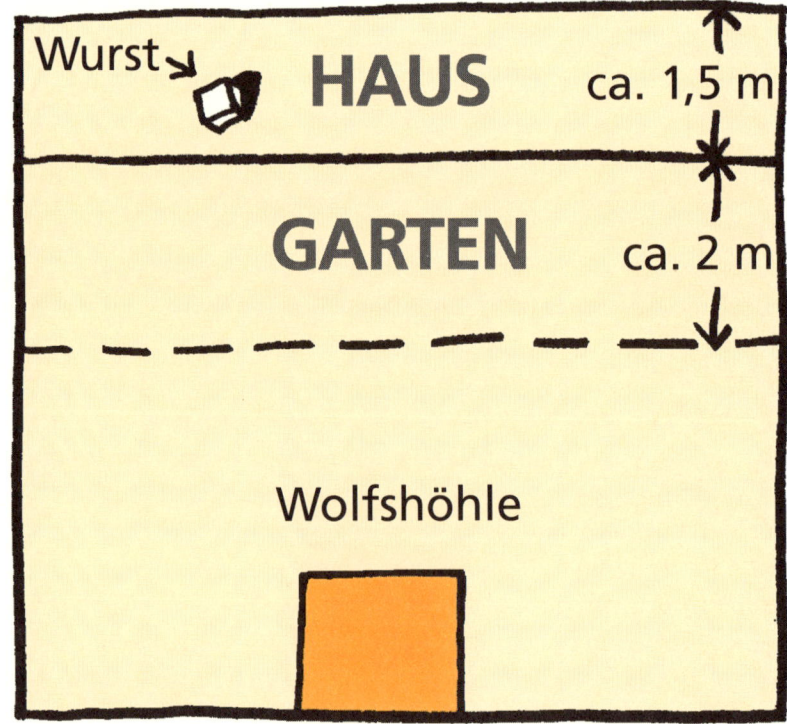

Ein zweites Kind spielt den großen Wolf. Er darf aufrecht laufen und sich im ganzen Raum bewegen. Der Wolf versucht, die Wurst an sich zu bringen und in seine »Höhle« zu tragen, ohne vom kleinen Hund abgeschlagen (»gebissen«) zu werden. Start und Ziel des Wolfes ist die Wolfshöhle, die dem Haus gegenüberliegt.

Beim ersten Durchgang bewacht nur ein kleiner Hund die Wurst und es fällt dem Wolf leicht, die Wurst zu ergattern.

Nach jedem erfolgreichen Versuch des Wolfes kommt immer ein Hund mehr dem ersten Hund zu Hilfe (ein neues Kind ins Spiel). Obwohl die kleinen Hunde nur krabbeln dürfen, werden sie dadurch, dass sie einander helfen, zu einer immer größer werdenden Gefahr für den Wolf.

Spielverlauf:

Für das Spiel haben wir auf dem Boden (oder auf Steinen im Garten) mit Kreidestrichen das Spielfeld aufgezeichnet. Nun erklären wir den Kindern das Spiel.

Ein Kind spielt den großen Wolf. Alle anderen Kinder bekommen einen Klotz in die Hand. Das Kind, das den kleinen Hund spielt, legt seinen Klotz irgendwo im Haus ab und nimmt seinen Platz im Garten ein. Die übrigen Kinder der Gruppe stehen verteilt an den beiden freien Wänden und schauen zu. Sie können den kleinen Hund durch Bellen anfeuern.

Der erste Durchgang beginnt. Der Wolf rennt von seiner Höhle aus durch den Garten ins Haus. Beim Durchqueren des Gartens versucht der kleine Hund ihn zu beißen (abzuschlagen). Im Haus angekommen, nimmt sich der Wolf die Wurst. Hier kann sich der Wolf gefahrlos bewegen, weil der Hund den Garten nicht verlassen darf. Der Wolf kann nur beim Durchqueren des Gartens (Hin- und Rückweg) gebissen werden.

Der Wolf kann im Haus von einer Seite zur anderen rennen, der krabbelnde Hund im Garten wird vergeblich versuchen, auf gleicher Höhe zu bleiben. So kann sich der Wolf eine hundefreie Stelle im Garten suchen, durch die er zurückrennt, um die Wurst in seiner Höhle abzulegen.

Jetzt kommt ein neues Kind dem ersten Hund zu Hilfe. Es legt seinen Bauklotz ins Haus und lässt sich im Garten auf allen vieren nieder.

Der zweite Durchgang beginnt. Er gilt als erfolgreich beendet, wenn der Wolf die Wurst in seine Höhle bringt, ohne gebissen zu werden. Nach jedem erfolgreichen Durchgang kommt ein neues Kind ins Spiel, so lange, bis der Wolf schließlich von einem Hund abgeschlagen wird.

Damit ist das Spiel beendet.

Sind alle Kinder im Spiel und der Wolf schafft es trotzdem, die Wurst in seine Höhle zu bringen, ist das Spiel ebenfalls beendet.

Das ganze Spiel kann von vorn beginnen, ein anderes Kind spielt nun den Wolf.

Hinweis:

Dieses Spiel ist besonders geeignet für Gruppen, zu denen Rollstuhlfahrer gehören. Die Rollstuhlfahrer fahren mit ihren Rollstühlen im Garten hin und her und jagen den Wolf.

Um gesunde Kinder in die Situation eines Rollstuhlfahrers zu versetzen, können auch sie die Aufgabe der wachenden Hunde im Rollstuhl übernehmen.

Bei gutem Wetter kann im Freien gespielt werden.

Du kannst Peter helfen

Weil keiner mit ihm spielen will,
ist Peter traurig und ganz still.
Willst du ihn wieder lachen sehn,
dann musst du mit ihm spielen gehn.

Rette mich!

Das Spiel ist ein modifiziertes Fangen-Spiel. Die Kinder dürfen sich dabei nur auf den Knien fortbewegen.

Bei Spielbeginn bekommt jedes Kind einen weichen Gegenstand, z. B. ein Kissen, in die Hand (auch Ball, Taschentuch mit Knoten o. Ä. sind möglich).

Eines der Kinder spielt den Fänger. Der Fänger bekommt kein Kissen. Im Spiel versucht nun der Fänger, eines der Kinder abzuschlagen (zu fangen).

Er darf aber kein Kind fangen, das zwei Kissen in Händen hält. Das fehlende zweite Kissen können die »bedrohten« Kinder von Mitspielern zugeworfen bekommen. Das Kind, das zwei Kissen hat, ist nun zwar vor dem Fänger geschützt, aber das helfende Kind, das jetzt mit leeren Händen weiterspielt, ist doppelt gefährdet. Es ist darauf angewiesen, dass ihm andere Kinder Kissen zuwerfen, wenn ihm der Fänger bedrohlich nahe kommt. Das Kind, das zwei Kissen in Händen hält, wird natürlich möglichst schnell eines wieder abgeben, um einem anderen Kind zu helfen.

Hat das Fängerkind es geschafft, ein Kind abzuschlagen, das nicht zwei Kissen hat, spielt dieses nun den Fänger. Es gibt dem ersten Fängerkind sein Kissen ab. Die Kissen werden also sehr häufig wechseln.

Die Kinder erleben im Spiel sehr intensiv, wie gut es ist, Solidarität zu erfahren. Gleichzeitig lernen sie aber auch, dass Solidarität nicht nur Nehmen, sondern auch Geben bedeutet.

Gemeinsam sind wir stärker

Das folgende Schattenspiel kann man den Kindern vorspielen und anschließend mit ihnen über das Thema »Gemeinsam sind wir stärker« sprechen. Man kann es aber auch mit den Kindern erarbeiten und später bei einem passenden Anlass aufführen. Als Projektionsfläche eignet sich die gebaute Schattenspielbühne (siehe Seite 39) oder eine provisorisch aufgehängte Leinwand. Damit möglichst unverkrampft und frei gespielt werden kann, ist hier nur ein grober Handlungsablauf vorgegeben, der beliebig verändert werden kann. Allerdings sollte der Spielgedanke »Gemeinsam sind wir stärker« erhalten bleiben.

Spielverlauf:
Es gibt im Spiel beliebig viele Rollen. Wichtig ist nur, dass einer großen, starken Figur viele kleine, deutlich schwächere Figuren rivalisierend gegenübergestellt werden.
Wir achten darauf, dass die kleinen Figuren nicht nur im Schattenspiel deutlich kleiner sind als die große Figur, sondern dass man die Figuren auch an der Stimme und der Art ihres Benehmens und Redens deutlich unterscheiden kann (stark typisierte Figuren).
Hier ist ein möglicher Ablauf:
Figuren: 1 großer Kochlöffel, 13 Wäscheklammern

1. Szene
Wir haben uns auf den Zeigefinger und den kleinen Finger der rechten Hand je eine Wäscheklammer geklemmt und bringen die beiden Klammern ins Bild. Die Klammern unterhalten sich und spielen, sind lustig und lachen. Plötzlich unterbricht die eine das Gespräch und warnt die andere vor dem »starken Kochlöffel«, der zu kommen scheint.
Der Kochlöffel kommt. Wir führen ihn am Stielende mit unserer linken Hand von der linken Seite aus ins Bild. Der Kochlöffel wird aber so geführt, dass er nicht in seiner ganzen Größe zu erkennen ist. Er wirkt nicht viel größer als die Wäscheklammern, nur deutlich dicker (durch die Löffelform).

Schon bevor der Kochlöffel richtig im Bild ist, hört man ihn laut schimpfen.

Die eine Klammer will gleich flüchten, aber die andere überredet sie zu bleiben.

Der Löffel will die beiden verjagen. Aber die etwas mutigere Klammer will wissen, warum sie verjagt werden sollen.

Der große Löffel will mit den kleinen Klammern nicht diskutieren. Sie sollen verschwinden. Als die mutigere Klammer sich auch noch über ihn lustig macht, weil er ja auch nicht größer ist als sie, sondern nur dicker, wird der Löffel immer wütender. Während er laut auf die kleinen Klämmerchen einschimpft, lassen wir ihn immer größer werden, bis er in voller Größe im Bild zu sehen ist.

Jetzt kriegen die beiden Klammern es mit der Angst zu tun und flüchten. Auch der Kochlöffel geht; wir lassen ihn immer kleiner werden und führen ihn seitlich aus dem Bild.

2. Szene

Wir haben fünf Wäscheklammern auf unsere Finger gesteckt, die wir nach und nach ins Bild bringen können. Immer, wenn wir die Klammern ins Bild bringen, achten wir darauf, dass die Figuren nicht aus dem Nichts auftauchen, sondern von einer der beiden Seiten oder von unten langsam ins Bild kommen.

Zu Beginn der Szene sind nur zwei Klammern im Bild. Sie beratschlagen, wie man sich gegen den großen, rücksichtslosen Kochlöffel zur Wehr setzen könnte.

Da ihnen nichts einfällt, rufen sie ihre Freunde, denn viele Leute haben mehr Ideen. Nach und nach kommen immer mehr Klammern ins Bild und begrüßen sich, bis schließlich alle fünf Klammern versammelt sind.

Die gemeinsame Beratung beginnt. Jeder berichtet von seinen schlechten Erfahrungen mit dem Kochlöffel. Jetzt werden die verschiedensten Vorschläge gemacht, was man unternehmen könnte (zersägen, laut anbrüllen, in den Boden stampfen, in die Wüste schicken usw.).

Alle Vorschläge werden diskutiert und wieder verworfen. Erst der letzte Vorschlag wird begeistert angenommen:

Alle Klammern wollen sich übereinander stecken, damit sie so aussehen, als wären sie eine Riesenklammer. So soll der Löffel erschreckt und eingeschüchtert werden.

Sie beschließen dem Kochlöffel aufzulauern und gehen aus dem Bild.

3. Szene

Wir tragen noch immer die fünf Wäscheklammern an den Fingern. Vorher haben wir fünf andere Wäscheklammern übereinander gesteckt und bereitgelegt.

Zu Beginn der Szene kommt der Löffel von links ins Bild. Noch bevor er zu sehen ist, hört man ihn laut schimpfen. Er ist – wie in der ersten Szene – zunächst nicht größer als eine Wäscheklammer. Er dreht sich ein paarmal suchend um und stellt befriedigt fest, dass kein einziges »winzeklitzekleines Klämmerchen« zu sehen ist. Er lacht laut und freut sich darüber, dass er sie alle vertrieben hat. Am linken Bildrand (gerade noch zu sehen) legt er sich auf die Lauer, damit er die Klämmerchen verjagen kann, falls sich überhaupt noch eines hertraut!

Jetzt führen wir an der rechten Seite die übereinander gesteckten Klammern ins Bild. Vorerst ist aber nur die oberste Klammer zu sehen.

Die Klammer macht nun den Löffel, der gleich nach ihrem Erscheinen bedrohlich in ihre Nähe rückt, wütend. Sie reizt ihn. Schließlich ist er so wütend, dass er zu wachsen beginnt. Aber die kleine Klammer rennt immer noch nicht weg. Zum Entsetzen des Löffels fängt sie jetzt ebenfalls an zu wachsen, bis sie noch größer ist als der Löffel.

Der Löffel flüchtet aus dem Bild.

Die Klammern lachen. Sie lachen immer mehr, bis sie vergessen sich festzuhalten und zu Boden stürzen. (Wir wackeln mit dem Klammerstab, bis er auseinander bricht, und lassen die Klammern dann fallen.)

Wir bringen die fünf Fingerklammern von unten gleich wieder ins Bild. Die Klammern freuen sich über ihren Erfolg. Sie unterhalten sich darüber, dass sie nur deshalb den Löffel einschüchtern konnten, weil sie alle zusammengehalten haben. In Zukunft wollen sie immer zusammenhalten.

Fünf Finger

Fünf Finger stehen hier und fragen:
Wer kann wohl den Apfel tragen?
Der erste Finger kann es nicht,
der zweite sagt: Zu viel Gewicht!
Der dritte kann ihn auch nicht heben,
der vierte schafft das nie im Leben!
Der fünfte Finger aber spricht:
Ganz allein? So geht das nicht!
Gemeinsam heben kurz darauf
fünf Finger diesen Apfel auf.

Ein großer Apfel liegt auf dem Tisch. Fünf Finger »stehen« davor. (Die Fingerkuppen berühren die Tischplatte, die Finger sind ausgestreckt.)

Jetzt versucht ein Finger nach dem anderen, den Apfel hochzuheben. Jeder Finger versucht es allein, der kleine Finger beginnt. Der fünfte ist der Daumen. Am Schluss hebt die Hand den Apfel hoch.

Die abenteuerliche Knopfreise

Da in diesem Buch noch einige Knopfspiele vorgestellt werden, ist es sinnvoll, eine Knopfsammlung anzulegen (falls nicht schon vorhanden). Alle Formen, Farben, Größen und Materialien sind geeignet.

Wir haben vor Beginn des Spiels mit Kreide oder mit Klebeband zwei Grundformen (zwei parallele Linien und ein Quadrat) sowie eine Kopfform (ein Gesicht, bei dem zunächst der Mund fehlt) auf dem Boden markiert.

Die Grundformen werden im Verlauf des Spiels von den Kindern durch Anlegen von Knopfreihen zu immer neuen Gebilden ergänzt. Um den Kindern den Einstieg zu erleichtern und um sie zur Auseinandersetzung mit dem Spielmaterial (den Knöpfen) anzuregen, erzählen wir ihnen eine Geschichte.

Die Geschichte schildert eine Reise mit mehreren Stationen. Während wir erzählen und das Erzählte darstellen, bewegen wir uns, dem Verlauf der Geschichte folgend, mit allen Kindern von Station zu Station. (Von Grundform zu Grundform.) Hier die Kurzform der Geschichte im Zusammenhang:

Der einsame Riese Rudolf ist traurig, weil er so lange keinen Besuch mehr bekam. Endlich nimmt es eine Gruppe von Kindern auf sich, mit ihren Anführern (uns) den langen, beschwerlichen Weg zum Riesen zurückzulegen, um ihn endlich fröhlich zu stimmen. Das Einzige, was die Gruppe mit auf den Weg nimmt, ist eine große Dose mit Knöpfen.

Im Verlauf der Reise kommt die Gruppe zuerst an einen Fluss (parallele Linien). Dieses erste Hindernis überwinden sie leicht, indem sie aus Knöpfen eine Brücke legen. Auf der anderen Flussseite beginnt eine Straße, an deren Rand ein Wagen ohne Räder steht (Viereck). Aus den Knöpfen legen die Kinder die Räder an und fahren bis ans Ende der Straße. Dort steigen alle aus, um weiterzuwandern. Sie geraten in ein Unwetter und wollen unter einem

Baum Schutz suchen. Aber sie finden nur einen Baumstamm ohne Äste (parallele Linien). Aus Knöpfen wird die schützende Baumkrone gelegt. Wenn das Unwetter vorbei ist, gehen alle weiter.

Bald wird es Abend. Ein Haus (Viereck), dessen fehlendes Dach aus Knöpfen gebildet wird, dient als Unterschlupf für die Nacht. Am nächsten Morgen wird die Wanderung fortgesetzt. Die Gruppe ist jetzt fast am Ziel. Um auf den hohen Berg klettern zu können, auf dem der Riese wohnt, brauchen sie eine Leiter, die bald gefunden wird (parallele Linien). Nachdem die fehlenden Leitersprossen aus Knöpfen gelegt wurden, steigen alle die Leiter hoch und begrüßen den Riesen. Der Riese freut sich riesig und kann nun wieder lachen. (Die Kinder legen die Knöpfe des Riesenmundes so um, dass er lacht.)

Danach beginnt der Rückweg: Sie steigen die Leiter hinunter, übernachten wieder im Haus und suchen dann nach dem Wagen, mit dem sie auf dem Hinweg gefahren sind. Dazu steigen sie auf einen Baum. Von dort oben haben sie eine bessere Aussicht und erkennen die Straße und den Wagen. Mit dem Wagen fahren sie zum Fluss, den sie nur noch überbrücken müssen, um schließlich zu Hause anzukommen.

Grundsätzliches zum Ablauf des Spiels:

Für die Durchführung der Spielgeschichte sollte der Gruppe reichlich Zeit zur Verfügung stehen, da das Spiel sehr komplex und umfangreich ist. Es wird aus verschiedenen Elementen gebildet: aus Erzählung, Rhythmik, Pantomime und kleiner Theaterform.

Das Spiel lässt viel Raum für Phantasie, sowohl bei uns als auch bei den mitspielenden Kindern.

Uns Erwachsenen kommt dabei eine Doppelrolle zu. Zum einen sind wir die Erzähler, zum anderen schlüpfen wir in die Rolle der Anführer, die als Einzige den Weg zum Riesen kennen. In dieser Rolle, die für uns den größten Teil des Spiels ausmacht, sind wir bemüht, durch prägnante Gesten und überdeutliches Schauspielern eine starke Illusion zu erzeugen und die Kinder zum intensiven Mitspielen zu bewegen.

Um diese Illusion möglichst lange aufrechtzuerhalten, steigen wir auch bei eventuell notwendigen organisatorischen Maßnahmen nicht aus dieser zweiten Rolle aus. Zur Verdeutlichung können wir für die Rolle auch unseren Namen ändern und einen Phantasienamen annehmen.

In der nun folgenden ausführlichen Beschreibung des Spielablaufs werden zwischen den einzelnen Stationen (die durch das Knopflegen bestimmt sind) verschiedene, in die Erzählung eingearbeitete Übungsangebote gemacht.

Diese Angebote können weggelassen oder noch ausgeweitet werden. Aus spieltechnischen Gründen sollte aber die angebotene Reihenfolge der Stationen (parallele Linien – Viereck – parallele Linien usw.) eingehalten werden.

Spielverlauf:

Wir kommen mit den Kindern in den Raum, in dem wir schon vorher die Linien (Grundfiguren und Kopf des Riesen) markiert haben. Wir tragen die Knopfdose bei uns.

Wir gruppieren uns mit den Kindern um den gezeichneten Kopf des Riesen und erklären ihnen, dass wir jetzt eine Geschichte erzählen, bei der sie mitspielen dürfen.

Wir zeigen auf den Kopf und sagen, das sei der Kopf des Riesen Rudolf, der in der Geschichte eine Rolle spielen würde.

Wahrscheinlich werden die Kinder bemängeln, dass beim Gesicht des Riesen der Mund fehlt. Wenn nicht, machen wir sie darauf aufmerksam. Wir sagen ihnen, dass im Verlauf des Spiels immer all das, was fehlt oder gebraucht wird, aus Knöpfen angelegt werden kann, und demonstrieren das Prinzip, indem wir den fehlenden Mund aus Knöpfen legen.

Der Mund bildet eine Halbkreisform, die Mundwinkel hängen nach unten. Mit den einleitenden Worten »Es war einmal ein trauriger Riese ...« beginnen wir die Geschichte zu erzählen.

Der eigentliche Start der Reise wird dadurch markiert, dass sich alle Teilnehmer erst einmal marschgerecht (pantomimisch) ankleiden.

Gestenreich ziehen wir uns feste Wanderstiefel an, tun so, als ob wir einen warmen Mantel überziehen, und fordern die Kinder auf, sich ebenfalls warm anzuziehen. Dabei darf gesprochen werden.

Die Kinder können erläutern, was sie gerade tun.

Jetzt sind wir schon in unserer neuen Rolle als Anführer der Gruppe. Als Signal zum Aufbruch rasseln wir mit unserer Knopfdose.

Wir fordern die Kinder durch Winken auf, uns zu folgen. Alle gehen über Wiesen und Felder (in vielen Windungen und Kurven durch den Raum), bis wir Halt gebieten. Wir erklären den Kindern, dass es einen Graben zu überspringen gilt, und hüpfen scheinbar über einen breiten Graben. Wir warnen die Kinder vor dem Graben und fordern sie auf, einen Anlauf zu nehmen, damit sie nicht zu kurz springen.

Aber nun sind sie in einem Brennnessel- und Dornenfeld gelandet. Alle müssen sich im Storchengang bewegen (die Knie unnatürlich hoch heben), damit sie sich nicht brennen und stechen.

So gelangen sie an das Flussufer (die Parallelen). Wir bauen die Illusion eines breiten, reißenden Flusses auf. Alle ahmen das Rauschen des Flusses nach. Der Fluss ist so breit, dass er nicht übersprungen werden kann. Also muss aus Knöpfen eine Brücke gebaut werden. Die Kinder holen sich Knöpfe aus der Dose und bauen gemeinsam eine Brücke über den Fluss. Dabei ist es, wie bei allen Legeaufgaben, nicht erforderlich, dass Knopf an Knopf gelegt wird. Je nach Anzahl der vorhandenen Knöpfe wird der Abstand zwischen den Knöpfen größer oder kleiner ausfallen. Er sollte aber immer so klein bleiben, dass man die Gesamtform noch deutlich erkennen kann.

Nachdem alle Kinder die Brücke überschritten haben, werden die Knöpfe wieder aufgelesen und in die Knopfdose geworfen.

Langsam wird es nun heiß, alle schwitzen. Das wird auch ausgiebig dargestellt. Nach dem Schwitzen folgt eine Phase allgemeiner Müdigkeit mit dem sich daraus ergebenden schweren, schleppenden Gang. Als einige vor Erschöpfung fast umkehren wollen, entdecken wir in der Ferne eine Straße mit einem Wagen (Viereck). Beim Näherkommen erkennen wir enttäuscht, dass er keine Räder hat. Aber die Räder können ja aus Knöpfen gelegt werden!

Wenn schließlich alle im Wagen sitzen, hört und sieht man ganz deutlich, wie er fährt: kreischende Bremsen, Rütteln des Wagens, Hinauslegen in den Kurven usw.

Wenn die Straße zu Ende ist, steigen alle aus, die Knöpfe werden wieder eingesammelt.

Kaum sind die Kinder vom Wagen geklettert, müssen sie vor einem wilden Tier flüchten. Nach einer panischen Flucht ruhen erst einmal alle atemlos aus.

Doch eine ausgiebige Rast ist ihnen nicht vergönnt, denn es beginnt zu regnen (Hände klatschen die Regentropfen auf die Knie). Sie suchen einen Unterschlupf. Die Anführer entdecken einen Baum. Leider hat er keine Äste (parallele Linien). Die Kinder legen an die beiden Linien (Stamm) eine Baumkrone an und stellen sich unter.

Nachdem der Regen aufgehört hat, werden die Knöpfe eingesammelt, es geht weiter. Aber der Regen hat alles überschwemmt. Überall ist Wasser. Die Wanderer müssen von Stein zu Stein hüpfen, um keine nassen Füße zu bekommen.

Langsam wird es dunkel. Ein starker Wind kommt auf. Nur mühsam kommen sie gegen den Wind vorwärts (Körper nach vorne geneigt, Windgeräusche).

Sie finden das Haus, bei dem das Dach fehlt (Viereck). Das Dach ist aus Knöpfen schnell errichtet und alle finden nun die wohlverdiente Ruhe. Es ist still geworden. Von draußen hört man nur noch das letzte, leise Zwitschern der Vögel. Dann ist nur noch das Schnarchen der schlafenden Gruppe zu hören.

Aufgeweckt werden die Kinder von Ameisen, die mit ihnen im selben Haus übernachtet haben. (Die Kinder kitzeln sich gegenseitig.)

Das Dach wird abgebaut, es kann weitergehen. Der Riese soll noch heute gefunden werden.

Ein Zaun versperrt den Weg, aber der ist kein ernsthaftes Hindernis. Alle kriechen unter dem Zaun durch.

Schließlich steht die Gruppe vor einer steilen Bergwand. Jetzt sollte man eine Leiter haben! Sie wird gefunden, besser gesagt: zwei Leiterholme (parallele Linien), denn die Sprossen fehlen. Die Knöpfe werden als Sprossen angelegt, die Gruppe steigt die Leiter hinauf. Diesmal kann man die Knöpfe für den Rückweg (den Abstieg) liegen lassen.

Nun sehen alle den Riesen Rudolf. Er ist ganz lieb, nur eben traurig. Als sie den Riesen begrüßen, scheint er schon ein klein wenig fröhlicher zu werden. Bald haben die Kinder die Knöpfe seines Mundes so umgelegt, dass er lacht.

Sie verabschieden sich vom Riesen und machen sich auf den Heimweg. Als sie die Leiter hinuntersteigen, lacht ihnen der Riese zum Abschied noch einmal zu. Danach wird die Leiter abgebaut. Schon kriechen sie unter dem Zaun durch, um bald darauf zum Haus zu gelangen, wo sie wieder die Nacht verbringen wollen. Das Dach ist schnell errichtet, schnell schlafen alle ein. Von den zwitschernden Vögeln werden sie geweckt (Gähnen, Recken). Das Dach wird abgedeckt, der Heimweg fortgesetzt.

Das Wasser im Sumpf ist immer noch so hoch, dass sie von Stein zu Stein hüpfen müssen.

Wo mag die Straße mit dem Wagen sein? Wenn man auf einen Baum steigen könnte, dann würde man weiter sehen. Der Baum wird gefunden, die Baumkrone aus Knöpfen hergestellt. Alle klettern in den Wipfel, um weit in die Ferne zu schauen (Hand waagerecht über die Augen). In der Ferne ist ein Wagen zu erkennen. Leider auch ein wildes Tier, das für alle gefährlich werden könnte. Ganz leise und vorsichtig werden die Knöpfe eingesammelt, dann kriechen alle über den Boden, um von dem Tier nicht gehört oder gesehen zu werden.

Wohlbehalten kommen sie am Wagen an. Die fehlenden Räder werden angelegt, dann kann die wilde Fahrt losgehen.

Die Bremsen des Wagens sind nicht in Ordnung. Der Wagen fährt immer schneller und in der nächsten Kurve fallen alle mit dem Wagen ins weiche Gras. Die zerstörten Räder werden eingesammelt. Es geht zu Fuß weiter in Richtung Fluss.

Hier braucht nur noch die Brücke gebaut zu werden und man ist fast daheim. Nachdem sich alle durch die Brennnessel- und Dornenwiese gekämpft haben, springen sie über den Graben und sind zu Hause angekommen.

SOMMER

Die Jahreszeit

Eine Sommerüberraschung

Es ist ein heißer Sommertag. Jan und Jule gehen mit ihren Eltern ins Schwimmbad.

»In der Sonne ist es mir zu warm«, sagt Mama. »Dort unter dem Baum ist es kühler.« Mama und Papa legen sich in den kühlen Schatten.

»Ich geh lieber schwimmen«, ruft Jule.

»Gute Idee!«, sagt Papa. »Da komm ich gleich mit.« Papa, Jan und Jule gehen ins Wasser.

»Brrr, ist das kalt!«, ruft Jan.

Danach spielen und planschen sie, und als sie aus dem Wasser kommen, spritzen sie Mama nass. Dann spielen sie noch zusammen Fangen. Schnell ist der Nachmittag vorbei.

»Trocknet euch jetzt bitte gut ab«, sagt Papa, »sonst erkältet ihr euch.«

»Die Haare werden doch in der Sonne von selbst trocken!«, ruft Jan.

»Nein, so nass geht ihr nicht nach Hause. Ihr müsst eure Haare wenigstens gut mit dem Handtuch rubbeln«, sagt Papa. »Und wringt die nassen Badesachen aus, bevor ihr sie in die Tasche legt.«

Jan und Jule ziehen sich trockene Sachen an und die Familie geht nach Hause.

Aber auf dem Heimweg gibt es ein Gewitter. Es regnet so heftig, dass sie nass bis auf die Haut werden. Als sie endlich zu Hause angekommen sind, tropfen ihre Haare vor Nässe.

Jule lacht und sagt: »Da hätten wir ja gleich die nassen Sachen anbehalten können.«

Und Jan schüttelt lachend seinen Kopf, dass die Wassertropfen durch die Wohnung spritzen.

Wir trocknen Wäsche

An einem warmen Sommertag wird der Wäscheständer in den Garten oder auf den Balkon gebracht und nasse Wäsche aufgehängt. Im Laufe des Tages wird immer wieder gemeinsam mit den Kindern geprüft, wie nass oder wie trocken die einzelnen Wäschestücke sind. Deshalb sollte man möglichst unterschiedliche Materialien aufhängen. Also Frotteesachen, Leinentücher, Baumwolle usw.

Nun folgen mehrere Spiele und Übungen, bei denen Kinder die Begriffe »nass« und »trocken« tastend erlernen. Dazu kann man kleine Leinensäckchen mit trockenem oder nassem Material füllen (z. B. Sand), an denen die Kinder den Unterschied begreifen. Einfacher geht dies, indem man einfach Socken mit unterschiedlichen Materialien füllt. Deshalb werden in den nun folgenden Spielen immer Socken genommen.

Sockentasten

Wir nehmen ein Paar Socken und feuchten einen davon stark an. Dann stellen sich die Kinder hintereinander auf. Die Socken werden in zwei völlig identische Behältnisse gelegt (Eimer, Topf usw.), die nun ständig vertauscht werden. Dazu sagt man folgenden Spruch auf:

In jedem dieser Eimer (Töpfe) hier
da liegt ein kleiner Socken.
Welcher ist ganz nass
und welcher ist ganz trocken?

Das Kind am Kopf der Reihe darf nun die Socken in den Eimern
anfühlen und bestimmen, welcher nass und welcher trocken ist.
Jedes Kind in der Reihe darf nun einmal fühlen; durch die stän-
dige Wiederholung des Spruches können ihn die Kinder bald aus-
wendig und können selbstständig spielen. Dabei können die Kinder abwechselnd die Rolle des Spielleiters übernehmen, also das
Gefäß mit den Socken vertauschen.
Da die Kinder nun auch merken, dass der nasse Socken dunkler
aussieht als der trockene, kann in dieses Spiel noch eine Variation
eingebaut werden. Bevor getastet wird, darf ein Tipp abgegeben
werden.

Nass oder trocken?

Die Kinder bilden einen Kreis. Wir halten einen nassen und einen
trockenen Socken in der Hand und gehen außen um den Kreis
herum. Dabei sprechen wir:

> *Einen Socken trag ich hier,*
> *damit komm ich gleich zu dir.*

Während wir um den Kreis schreiten, wiederholen wir ständig diese
zwei Zeilen. Die Kinder dürfen sich nicht umdrehen, am besten
halten sie die Arme auf dem Rücken verschränkt. Mit den letzten
Worten der Zeile »… gleich zu dir« bleibt man hinter einem Kind
stehen, gibt ihm einen Socken in die Hand und fragt:

> »*Ist er nass oder trocken?*«

Das Kind befühlt den Socken hinter seinem Rücken und ruft laut
die richtige Antwort.
Danach folgt nun ein Mitspielvers, an dem sich alle Kinder beteiligen.

Ruft das Kind »nass«, sagen alle Kinder:

> *Nasse Socken mag ich keine,*
> *häng ich auf die Wäscheleine!*
> *Puste feste, lieber Wind,*
> *bis die Socken trocken sind!*

Während sie den Text sprechen, unterstützen die Kinder das gesprochene Wort durch Gestensprache:

… häng ich auf die Wäscheleine – die Kinder bilden eine Wäscheleine, indem sie sich mit ausgestreckten Armen an den Händen fassen.

Nach der letzten Textzeile blasen die Kinder den Wind und deuten die im Wind schwankende Wäscheleine an, indem sie die Arme auf- und abschwenken.

Jetzt beginnt das Spiel von vorn und der gesprochene Text wird wieder durch Gesten unterstützt. Der entsprechende Vers zu »trocken« lautet so:

> *Wollte ich 'nen trocknen Socken,*
> *bliebe ich zu Hause hocken.*
> *Doch ich geh zur Tür hinaus,*
> *obwohl es regnet auf mein Haus!*

… bliebe ich zu Hause hocken – die Kinder sitzen in der Hocke. Ihre Arme und Hände bilden ein Dach über dem Kopf.

Doch ich geh zur Tür hinaus – die Kinder stehen auf und deuten pantomimisch das Öffnen einer Tür an.

… obwohl es regnet auf mein Haus! – die Finger stellen die fallenden Regentropfen dar. Alle Finger bewegen sich vor und zurück (wie beim Schreibmaschineschreiben). Um den Regen von oben nach unten fallen zu lassen, beginnt man mit nach oben ausgestreckten Armen. Die regnenden Finger werden vom höchsten Punkt in Richtung Kopf geführt.

Bevor das Spiel im Zusammenhang gespielt werden kann, üben wir mit den Kindern die beiden Mitspielverse.

Sockenpendel

Dies ist eine Übung zur Bewegungsschulung. Wir brauchen dazu zwei Socken, die mit Sand gefüllt und oben zugebunden werden. Mit einer Schnur (mindestens 1,50 m) werden die Socken an einer Schaukel (Turnstange, Ast) so festgebunden, dass sie frei pendeln können. Die beiden Socken hängen in einem Abstand von mindestens einem Meter in Brusthöhe der Kinder.

Wir tauchen einen Socken in einen Eimer Wasser. Aufgabe der Kinder ist es, den trockenen Socken mit der Nasenspitze zu berühren, ohne die Hände zu benützen.

Den nassen Socken sollen die Kinder mit dem Rücken berühren, indem sie rückwärts auf ihn zugehen, bis sie das Nässegefühl auf dem nackten Rücken spüren.

Spielverlauf:

Die Kinder beginnen mit freiem Oberkörper nacheinander zuerst mit der Aufgabe, mit ihrer Nasenspitze den trockenen Socken zu berühren. Mehrere Versuche sind erlaubt.

Noch während das zweite Kind versucht, die erste Aufgabe zu lösen, geht das erste Kind zu einer vorher markierten Linie, die in einem Abstand von ca. zwei Metern auf dem Boden vor dem nassen Socken angebracht ist.

Daraus ergibt sich eine Art Hindernisparcours, der mehrmals durchlaufen wird.

Wir werden dasjenige Kind beginnen lassen, das die meisten Schwierigkeiten hat, seine Bewegungen zu koordinieren, da am Anfang das Pendel noch kaum schwingt.

Merken wir, dass im Laufe des Spiels das Pendel zu weit ausschwingt und deshalb zu schwer zu treffen ist, können wir es zwischendurch anhalten.

Bei bewegungsgestörten Kindern können wir die Übungen entsprechend vereinfachen (vorwärts mit dem Bauch treffen, das schwingende Pendel mit den Händen festhalten usw.).

Panierte Kinder

Ein herrlicher Abschluss eines Spieltages in der Sonne: Die Kinder dürfen sich gegenseitig nass spritzen und anschließend im trockenen Sand wälzen.

Regenverse

Bei Regen geh ich nicht hinaus,
da bleib ich drinnen hocken.
Denn unter einem dichten Dach,
da sitzt man immer trocken.

Der Regen macht die Kleider nass,
Hose, Hemd und Socken.
Doch wenn darauf die Sonne scheint,
sind sie bald wieder trocken.

Was ist nass?

Nass fällt der Regen auf das Gras,
nass ist das Wasser in dem See,
nass ist das Bier in einem Glas
und nass ist mein Kamillentee.

Zungenbrecher

Nachts niest Neles nasse Nase nie.
Theos trockenes Taschentuch trocknet täglich Tinas Tränen.

Papierbatik

Wir brauchen weißes Malpapier, Farbe und kleine weiße Kerzen, am besten Christbaumkerzen. Vor Beginn des Spieles wird mit den Kindern geübt, wie man gefahrlos mit einer Kerze umgehen kann. Die Kinder behalten die angezündeten Kerzen in der Hand und senken sie schräg über das Blatt, sodass Tropfen des flüssigen Kerzenwachses immer wieder auf das Blatt platschen und dort trocken (fest) werden.

Nach einer gewissen Zeit lassen wir die Kerzen von den Kindern auspusten und beiseite legen. Jetzt übermalen die Kinder ihr Blatt mit einer dunklen Wasserfarbe (z. B. Dunkelblau, Dunkelgrün). Ist die Farbe aufgetrocknet, werden die festen Wachstropfen mit einem harten Gegenstand (Löffel, Lineal) vom Blatt geschabt. Die Kinder sehen nun, dass das Papier dort keine Farbe angenommen hat, wo es von Wachstropfen abgedeckt war. Die weißen Punkte leuchten hell aus der dunklen Fläche. Nachdem die Kinder so das Prinzip der Papierbatik begriffen haben, teilen wir noch einmal Blätter aus und lassen die Kinder ein Thema gestalten:
Die Kinder sollen versuchen, die Tropfen nicht zufällig fallen zu lassen, sondern sie zu lenken – so, dass eine große, klar erkennbare Form entsteht (große Kreisform, Stern, dichter Punkt aus vielen kleinen Einzelpunkten usw.).

Nach dieser Arbeit könnten wir noch eine dritte in Batiktechnik anbieten, bei der in verschiedenen Schichten übereinander getropft und gemalt wird. Z.B. könnten die Kinder – wie eben beschrieben – eine große Kreisform durch Tropfen auf weißem Papier bilden. Diesmal übermalen sie aber das Blatt nicht mit einer dunklen, sondern mit einer hellen Farbe, z.B. Gelb. Ist die Farbe vollständig trocken, werden die Wachstropfen nicht abgeschabt, sondern es wird auf die gelbe Farbe weitergetropft (ein kleiner konzentrischer Kreis, oder vom Mittelpunkt ausgehende Linien bis zur Kreislinie, die wie Speichen eines Rades aussehen). Danach wird die gelbe Fläche mit einer etwas dunkleren Farbe (z.B. Rot) übermalt. Schließlich werden auf die rote Fläche kleine Wachspunkte getropft (z.B. zwischen die Radspeichen). Im letzten Arbeitsgang wird das Blatt noch einmal dunkel (z.B. dunkelblau) übermalt. Schabt man alle Wachstropfen ab, so bilden – bei diesem Beispiel – nun weiße (Kreisform), gelbe (Speichen des Rades) und rote Punkte ein großes Muster auf dem dunkelblauen Blatt.

Wir gehen spazieren

An einem schönen warmen Sommertag machen wir einen Spaziergang, bei dem die Kinder nicht nur die Natur zur Sommerzeit beobachten können, sondern auch die Phänomene »warm – kalt« erleben können. Die Kinder können immer wieder fühlen und vergleichen – warmer Asphalt/kühler Stein, warmes Autoblech auf der Sonnenseite/kühles Blech auf der Schattenseite – oder selbst nach warmen oder kühlen Gegenständen suchen.
Dieses Spiel kann man natürlich auch im Haus spielen!

Wasserhahn

Nach dem Suchspaziergang gehen alle Kinder ins Bad, wo man ihnen die Zuordnung von »blau« und »rot« zu kaltem und warmem Wasser demonstrieren kann. Die Kinder dürfen den blau und rot gepunkteten Wasserhahn selbst auf- und zudrehen. Wozu wir ihnen einen kleinen Vers anbieten:

> *Bei Wasserhähnen jeder weiß:*
> *Blau ist kalt und Rot ist heiß!*

Um diese Zuordnung blau = kalt und rot = warm noch zu vertiefen, gibt es ein weiteres Spiel:

Herr Kalt – Herr Warm

Wir legen zwei Tücher zurecht, mit denen man die Augen verbinden kann, ein rotes und ein blaues. Außerdem brauchen wir einen roten und einen blauen Plastikeimer. Der rote Eimer wird mit warmem, der blaue mit kaltem Wasser gefüllt (zur deutlichen Unterscheidung evtl. Eisstückchen ins kalte Wasser geben!). Außerdem brauchen wir noch einen roten und einen blauen Bauklotz.

Die Kinder sitzen in einem eng geschlossenen Stuhlkreis. Zwei Kinder werden in den Kreis gestellt. Ein Kind, Herr oder Frau Kalt, bekommt den blauen Bauklotz, das andere Kind, Herr oder Frau Warm, den roten Klotz in die Hand. Nun wird beiden ihre Aufgabe erklärt.

Zwischen den Stühlen des Stuhlkreises sind die beiden Eimer mit warmem bzw. kaltem Wasser aufgestellt. Mit verbundenen Augen sollen die zwei Kinder nun ihren Eimer finden. Herr Warm (rote Augenbinde) gibt seinen Bauklotz in den roten Eimer mit warmem Wasser, den er durch Fühlen eindeutig bestimmt hat. Herr Kalt verfährt entsprechend.

Spielverlauf:

Nachdem alle Kinder die Aufgabenstellung verstanden haben, werden zwei Kinder ausgewählt und mit verbundenen Augen in die Kreismitte gestellt. Jetzt werden die Eimer im Kreis postiert. Die Positionen der Eimer können beliebig gewählt werden, die Eimer dürfen auch einmal nebeneinander stehen. Nach dem jeweiligen Spielbeginn darf ihre Position jedoch nicht mehr verändert werden.

Herr/Frau Kalt und Herr/Frau Warm suchen auf allen vieren nach ihren Eimern. Die anderen Kinder dürfen durch Zurufe helfen.

Wenn beide Kinder ihren Eimer gefunden haben, können sie nach Abnahme der Augenbinde anhand der zugeordneten Farben selbst ihr Ergebnis überprüfen. Durch die farbliche Kennzeichnung von Augenbinde, Klotz und Eimer können auch die zuschauenden Kinder den Spielablauf verfolgen und das Ergebnis kontrollieren.

Nach dem ersten Durchlauf kann das Spiel mit zwei anderen Kindern und anderen Eimerpositionen neu beginnen.

Zungenbrecher

Kinder können kalte Kartoffeln kochen,
wenn Wasser wirklich warm wird.

Wilde Wiesel wollen wissen,
wo warme Würstchen wachsen.

Flunkers flinkes Frühstück

Es ist Morgen. Flunker steigt aus einem gemütlichen, kalten Bett
und geht ins Badezimmer. Dort planscht er wild mit Wasser herum,
dass seine Haare ganz trocken werden. Er nimmt schnell das Handtuch und rubbelt sich damit so lange über die Haare und den Bauch,
bis er ganz nass ist. Weil ihm zu warm ist, zieht er seinen dicken Ba-
demantel an. Jetzt ist ihm schön kalt.

Flunkermutter ruft aus der Küche: »Komm schnell, dein Frühstück
wird sonst warm!«

Flunkermutter nimmt die Milch vom Herd und schenkt Flunker
ein. Die Milch ist so kalt, dass sie in der Tasse dampft.

Flunker verbrennt sich an der kalten Milch fast den Mund. Die
Tasse rutscht ihm aus der Hand und er schüttet die Milch über
seine schöne Hose. Dabei wird die Hose ganz trocken.

»Macht nichts«, sagt Flunkermutter. »Geh und zieh dir eine frische
nasse Hose an!«

VON FRÜH BIS SPÄT

Kartoffeln zum Frühstück

In den Sommerferien sind Jan und Jule mit ihren Eltern in den Urlaub gefahren. Sie wohnen in einem Gasthof im Gebirge und machen gleich am ersten Urlaubstag eine ganz lange Wanderung. Spät am Abend kommen sie zurück. Es ist schon dunkel.

»Ich bin so müde!«, sagt Jan, und auch Jule will gleich ins Bett.

Papa fragt: »Wollt ihr denn nicht zu Abend essen?«

»Nein, nur trinken«, sagt Jule.

Jan und Jule trinken ein großes Glas Sprudel und gehen schlafen.

Als die beiden wieder aufwachen, ist es draußen ganz hell. Papa und Mama sind auch gerade erst aufgestanden.

»Ich freu mich schon aufs Frühstück, ich hab richtig Hunger«, sagt Jule zu Jan.

Zusammen mit den Eltern gehen sie nach unten. Im Restaurant setzen sie sich an einen Tisch.

Die Kellnerin bringt jedem einen Teller Suppe.

Komisches Frühstück!, denkt Jan. Bei uns zu Hause trinken wir morgens Kakao und keine Suppe. Aber als er sieht, wie die anderen ihre Suppe löffeln, fängt er auch an zu essen.

Jetzt bringt die Kellnerin eine Schüssel Kartoffeln, eine Schüssel mit Sauerkraut und eine Platte mit Würstchen. Jan und Jule verstehen gar nichts mehr. »Sieht das Frühstück hier immer so aus?«, fragt Jule.

Auch Jan ist sauer: »Ich kann doch nicht schon morgens Kartoffeln mit Sauerkraut essen!«

»Wieso morgens?«, fragt Papa.

»Ja, wir sind doch gerade erst aufgestanden«, antwortet Jule.

Mama lacht. »Wir haben alle so lange geschlafen, dass der Morgen schon vorbei ist«, sagt sie. »Das ist das Mittagessen.«

»Von jetzt an stehen wir lieber morgens auf«, sagt Jan. »Dann kriegen wir auch ein richtiges Frühstück.«

Die Kinder erzählen nun, ob sie auch schon mal besonders lange geschlafen haben. Dann sprechen wir über den Zusammenhang von Tag und Nacht, Schlafen und Wachsein. Die folgenden rhythmischen Übungen sollen dies vertiefen.

Tag und Nacht

Wir haben eine Handtrommel mit Schlägel und einen Triangel bereitgelegt. Wir erklären den Kindern das Spiel: »In der Nacht schlafen alle Menschen. Am Tage üben sie verschiedene Tätigkeiten aus, die ihr nachspielen sollt. Wenn ihr die Trommel hört, ist es Nacht. Wenn ihr den Triangel hört, ist es Tag. Wir beginnen mit der Nacht, also legt euch bitte schlafen!«

Wenn alle Kinder sich hingelegt haben, beginnt die Übung. Mit sanften, metrischen Schlägen (weicher Klöppel) auf die Handtrommel begleiten wir den folgenden Text. Dabei gehen wir ruhig durch den Raum.

Dunkel <u>wird</u> es, <u>es</u> ist <u>Nacht</u>,
die <u>Augen</u> <u>wer</u>den <u>zugemacht</u>.

Der Nachtspruch wird mehrmals gesprochen, bis die Kinder zur Ruhe gekommen sind. Jetzt hören wir auf zu sprechen, schlagen aber die Handtrommel immer weiter metrisch und gehen weiter ruhig durch den Raum (Ruhepause).

Um einen möglichst nahtlosen Übergang vom Nacht- zum Tagsignal zu erreichen, halten wir sowohl die Handtrommel als auch den Triangel in einer Hand. Jetzt wechseln wir die Schlägelseite und schlagen den Triangel metrisch mit dem Schlägelstiel. Dazu sprechen wir:

Die <u>Son</u>ne <u>scheint</u>, der <u>Tag</u> be<u>ginnt</u>.
Jetzt <u>ist</u> es <u>hell</u>, steht <u>auf</u> ge<u>schwind</u>!

Wir wiederholen den Spruch, bis alle Kinder aufgestanden sind. Dann fragen wir, was man tagsüber alles tun kann (z. B. Rasen mähen, Schreibmaschine schreiben, kochen, ein Haus bauen, Auto fahren usw.).

Hierauf einigen sich die Kinder auf eine Tätigkeit, die sie heute ausführen (= spielen) wollen.

Wir reichen einem Kind den Triangel und bitten es, den Tag zu schlagen. Wir wiederholen noch einmal den Vorschlag, auf den sich die Kinder geeinigt haben, und spielen mit. Wir selbst versuchen behutsam neue Impulse zu geben und regen die Kinder an, gemeinsam Aufgaben zu lösen.

Wenn sich die Spielidee erschöpft hat, beginnen wir die Handtrommel zu schlagen und nehmen dem Kind den Triangel aus der Hand. Dann sprechen wir den Nachtspruch. Alle Kinder legen sich hin, bis nach der Ruhepause (Nacht) eine Aktionsphase (Tag) mit einer neuen Tätigkeit beginnt. Dieser folgt wieder eine Nacht usw.

Es folgen nun zwei rhythmische Übungen, deren Reihenfolge nicht verändert werden sollte. Sie können aber nicht alle an einem Tag durchgeführt werden.

Zunächst versammeln wir die Kinder um uns und reden noch einmal über »Tag und Nacht«. Das Gespräch sollte darauf hinführen, dass die Kinder selbst merken, wie still es in der Nacht und wie laut es am Tag ist. Für den Tag kann man dann noch typische Geräusche »sammeln« und dann das erste Spiel spielen:

Tag- und Nachtgeräusche I

Die Kinder probieren verschiedene Taggeräusche aus (Stimmen, Autolärm, Rattern von Motoren und Maschinen usw.) und versuchen, diese stimmlich zu imitieren. Wenn ihr Repertoire groß genug ist, erläutern wir ihnen den Übungsablauf:

Morgens beginnt der Tag mit wenigen, leisen Geräuschen, die im Laufe des Tages dichter und lauter werden, um am Abend wieder leiser zu werden und in der Nacht schließlich fast ganz zu verstummen.

Diesmal werden wir nicht ein akustisches Signal, sondern ein visuelles Signal einführen.

Wir erklären: »Die Sonne ist die Handtrommel. Wenn ihr die Trommel nicht seht, ist es Nacht und man hört kein Geräusch.« *(Handtrommel hinter dem Rücken versteckt)*

»Wenn ihr die Sonne so seht, ist es Morgen und man hört die ersten leisen Geräusche.« *(Trommel kommt bei ausgestrecktem Arm hinter dem Körper hervor)*

»Jetzt ist es Tag und die Geräusche sind am lautesten!« *(Handtrommel mit ausgestrecktem Arm über dem Kopf)*

»Nun wird es Abend und die Geräusche werden immer leiser.« *(Trommel wird auf der anderen Seite zum Körper zurückgeführt)*

»Jetzt ist es wieder Nacht und man hört keine Geräusche mehr.« *(Trommel hinter dem Rücken versteckt)*

Hinweis:

Wir führen die Trommel bei ausgestrecktem Arm, beginnend an der rechten Körperseite. Die Trommel beschreibt eine Kreisform. Über dem Kopf wechseln wir die Hand, um die Trommel langsam auf der anderen Seite hinter dem Rücken verschwinden zu lassen. Dadurch haben wir immer eine Hand frei, die wir gegebenenfalls als zusätzliche visuelle Hilfe einsetzen können (wenn es zu laut wird, Finger auf den Mund oder umgekehrt ermunternd zuwinken).

Bevor der eigentliche Ablauf der Übung beginnt, vergewissern wir uns, ob die Kinder den Sinn des visuellen Signals verstanden haben. Bei der Übung sollen nicht alle Kinder dasselbe Geräusch machen, sondern jedes seine eigene Vorstellung stimmlich in ein Geräusch umsetzen. Dadurch entsteht ein Gruppenergebnis, was von allen als deutlich wahrnehmbares Laut- und Leiserwerden erlebt wird.

Tag- und Nachtgeräusche II

Diese Übung unterscheidet sich von der vorangegangenen dadurch, dass die vorher stimmlich erzeugten Geräusche nun durch orffsches Instrumentarium hervorgebracht werden.

Wir teilen die verschiedenen Instrumente aus und lassen den Kindern genügend Zeit, um sich im freien Spiel mit den Instrumenten vertraut zu machen. Das erfordert zwar von uns eine große Portion Geduld und gute Nerven, zahlt sich aber später bei der eigentlichen Übung aus.

Nachdem wir die Aufgabenstellung noch einmal formuliert und auf die Funktion des visuellen Signals hingewiesen haben, führen wir diese Übung methodisch wie die vorige Übung durch. Erfahrungsgemäß schwillt bei den ersten Versuchen der Geräuschpegel zu schnell an. Um die Einheit von visuell und akustisch Wahrgenommenem zu wahren, werden wir in diesem Fall unsere Bewegung dem schnellen An- und Abschwellen angleichen. Wir werden also das rhythmische Prinzip von »Führen und Folgen« bei den ersten Übungsversuchen so gestalten, dass wir eher den Kindern folgen. Nach mehrmaliger Durchführung aber werden wir mehr und mehr die Führung übernehmen und unsere Bewegungen beharrlich langsamer werden lassen.

Um den spielerischen Charakter der Übung zu unterstreichen, sollten wir so wenig wie möglich sprechen.

Wenn die Kinder darin geübt sind, das Geräusch gleichmäßig an- und abschwellen zu lassen, und einige Sicherheit bei der Beachtung des Signals erlangt haben, können wir die ganze Übung mit einem Gedicht koppeln.

Während wir die Übung wie vorher durchführen, sprechen wir jetzt folgende Verse dazu:

Am Morgen steht die Sonne tief,
weil sie bis eben ja noch schlief.

Zur Mittagszeit, wirst du gleich sehn,
da wird sie hoch am Himmel stehn.

Abends kommt sie schließlich dann
am Himmel unten wieder an.

Nachts siehst du die Sonne nicht,
drum schlafe, bis der Tag anbricht!

Tag- und Nachtgeräusche raten

 Wir brauchen einen Kassettenrekorder mit Aufnahmemöglichkeit (keinen Walkman). Die meisten dieser Rekorder haben ein eingebautes Mikrofon. Um bessere Ergebnisse erzielen zu können, empfiehlt es sich aber, ein externes Mikro anzuschließen. Bei der Wahl der Leerkassetten sollte man nicht sparen und gutes Material verwenden. Und die Batterien sollten möglichst frisch sein!

Bei einem Spaziergang durch die Stadt nehmen die Kinder typische Taggeräusche mit dem Mikro auf: Autoverkehr, Hupen, Anfahren an der Ampel, das Schimpfen eines Passanten, Schlagbohrer, Lärm von Baustellen, Pressluftbohrer usw.
Die Nachtaufnahmen übernimmt ein Erwachsener: den sehr viel ruhigeren Straßenverkehr, das Schlagen einer Kirchturmuhr, vielleicht auch nahe, feine Geräusche, die am Tag untergehen, wie das Ticken einer Wanduhr oder das Summen des Kühlschranks.
Am nächsten Tag nehmen die Kinder wieder Taggeräusche auf, ein Erwachsener die Nachtgeräusche.
Dies könnte man ein drittes Mal wiederholen.
Schön wäre es, wenn man das Zwölf-Uhr-Schlagen einer Turmuhr einmal am Mittag und einmal um Mitternacht mit allen Nebengeräuschen aufnehmen könnte.
Dass nicht alle Taggeräusche und dann alle Nachtgeräusche im

Block aufgenommen werden, hat mit der Aufgabe zu tun, die dann von den Kindern gelöst werden soll: Beim ersten Abspielen des Bandes wird geraten, wann die Taggeräusche jeweils aufhören und die Nachtgeräusche beginnen. Besonders reizvoll wäre es, wenn das nächtliche Schlagen der Uhr und das am Tag aufgenommene unmittelbar hintereinander zu hören wären und die Kinder dabei erklären könnten, woran sie gemerkt haben, welches das nächtliche Schlagen und das am Tag ist.

In einem zweiten Durchgang wird dann weiter differenziert: Was könnte das für ein Tag-/Nachtgeräusch sein? Wer oder was summt, tickt, brummt, knarrt, rumpelt, scheppert, rattert, dröhnt, kracht, knallt, poltert, holpert, prasselt, donnert, klappert oder knattert denn da?

An der Aufzählung dieser verschiedenen Ausdrücke für verschiedene Geräusche sieht man schon, dass diese Übung sich auch hervorragend für die *Sprachschulung* eignet und die Kinder lernen können, dass nicht alles nur »Krach« ist, was sie da hören, sondern auch Dröhnen, Gerassel, Gepolter, Krachen, Schreien, Kreischen, Rufen, Knallen, Knattern, Rattern und noch vieles mehr.

Variation: Jedes Ding hat sein Geräusch
Ein Kind schlägt mit einem Trommelschlägel oder einem Metallstab unterschiedliche Materialien an, während andere Kinder dieses Geräusch aufnehmen. So schlagen die Kinder etwa einige Male gegen eine leere Holzkiste, gegen ein Brett, gegen ein Kuchenblech, gegen die Regentonne, gegen ein Trinkglas, einen Teller, ins Wasser, auf die Erde, gegen die Stange des Wäschetrockners, gegen die Fensterscheibe (vorsichtig natürlich!), gegen einen großen Gummiball, gegen eine leere und eine volle Sprudelflasche.

Da die Kinder hinterher bestimmt nicht mehr wissen, in welcher Reihenfolge sie welches Geräusch aufgenommen haben, müssen sie genau Buch führen und die Gegenstände notieren. Kinder, die noch nicht schreiben können, werden die Dinge in der richtigen Reihenfolge zeichnen. Es muss ja keine perfekte Zeichnung sein. Hauptsache, man kann den runden Teller vom Trinkglas mit Stiel und das Brett (mit Maserung) vom Kuchenblech unterscheiden.

Nun werden der ganzen Gruppe die Geräusche vorgespielt. Nach jedem Geräusch wird der Rekorder angehalten und das Raten beginnt: Wer errät, welches Ding dieses Geräusch gemacht hat?

Jeder, der ein Geräusch richtig geraten hat, bekommt das Abzeichen »Goldenes Ohr« mit einer Schließnadel an den Pulli oder das T-Shirt geheftet. (Dieses Abzeichen wird jedem Kind nur einmal verliehen. So kann man annehmen, dass im Lauf des Ratespiels schließlich jedes Kind stolzer Besitzer eines Goldenen Ohres ist.) Als Vorbereitung haben sich die Kinder am Vortag nämlich erst mal ganz genau angeguckt, wie so ein menschliches Ohr eigentlich aussieht, haben dann viele Ohren auf Karton gezeichnet, sie mit goldener Farbe bemalt und nach dem Trocknen der Farbe ausgeschnitten.

Woran ich täglich denken muss

Morgen, Morgen, Zeit zum Aufstehn!
Zum Zähneputzen noch ins Bad gehn!

Mittag, Mittag, gleich gibt's Essen!
Händewaschen nicht vergessen!

Abend, Abend, Dunkelheit!
Ausziehn, bald ist Schlafenszeit!

Nacht, Nacht, geh zur Ruh!
Zum Schlafen deck dich schön warm zu!

Ein Vormittag ohne Ende

Das folgende Spiel ist eine Mischung aus vorgetragenem Gedicht, Frage- und Antwortspiel und Pantomime. Je häufiger man es wiederholt, umso mehr Spaß macht es.

Solange die Kinder das Spiel noch nicht können, sprechen wir den Text zunächst einmal ganz vor:

Alle liegen, es ist Nacht,
die Augen, die sind zugemacht.
Wir schlafen, schlafen, schlafen … tief.

Es wird hell, der Tag beginnt,
wach wird nun ein jedes Kind.
Wir stehen, stehen, stehen … auf.

Vor dem Frühstück gehen wir immer
zum Waschen in das Badezimmer.
Wir waschen, waschen, waschen … uns.

Das Frühstück steht schon auf dem Tisch,
das Brot schmeckt gut, die Milch ist frisch.
Wir essen, essen, essen … nun.

Jetzt dürfen wir nicht länger warten,
wir gehen in den Kindergarten.
Wir gehen, gehen, gehen … los.

Im Kindergarten spielen wir
ein Spiel, das spielen wir jetzt hier:
Wir legen, legen uns jetzt … hin.

Alle liegen, es ist Nacht,
die Augen … (weiter wie Strophe 1)

Beim zweiten Vorlesen machen wir nach jeder Strophe eine lange Pause und geben so den Kindern genügend Zeit, die Aussage der letzten Strophenzeile nachzuspielen.

Wenn das Spiel nach längerer Zeit gut eingeführt ist, ändern wir beim Sprechen der letzten Zeilen unsere Sprachmelodie so, dass die Kinder das letzte Wort der Zeile als Antwort gemeinsam sprechen, um erst dann die Aussage der letzten Strophenzeile nachzuspielen.

Schlafgedicht

Die Kinder schlafen in der Nacht,
es ist ganz still und leise.
Ein jedes liegt in seinem Bett
auf ganz besondre Weise:

Manches Kind schläft auf dem Bauch,
manches auf der Seite auch,
manches dreht sich immerzu –
sage mir: Wie schläfst denn du?

Manches Kind, das schwitzt nachts so,
manches Kind liegt wach und friert.
Manches Kind muss oft aufs Klo –
ist dir das auch schon mal passiert?

Manches Kind träumt schlimme Sachen,
manches Kind träumt von 'ner Kuh,
manches Kind muss nachts oft lachen –
sage mir: Was träumst denn du?

Dieses Gedicht ist eine Grundlage für ein gemeinsames Gespräch über das Thema »Nacht«.
Die Kinder sollen von ihren Schlafgewohnheiten, von ihren Schlaftieren und Träumen, aber auch von ihren nächtlichen Ängsten erzählen.

Zungenbrecher

Mein Müsli macht mir meine Mutter
meistens morgens.

Meine Mutter mag mittags Mücken,
weil Mücken meine Mutter mittags mögen.

Als Anna abends alles aß,
aß Anna abends Ananas.

Die folgenden Spiele und Übungen sind nicht dazu gedacht, Kindern die Uhrzeit beizubringen. Es soll ihnen zunächst einmal ein erstes Gefühl für Zeit und Zeitabläufe vermittelt werden.

Die Uhrzeiger laufen im Kreis

Wir brauchen eine große Uhr mit Zeigern (Wecker oder Küchenuhr) und farbiges Klebeband.
Wir zeigen diese Uhr den Kindern und lassen sie erzählen, was sie von Uhren und Uhrzeit bisher wissen.

Dann zeigen wir den Kindern, dass sich der Sekundenzeiger der Uhr schnell bewegt. Um zu verdeutlichen, dass auch die anderen Zeiger wirklich wandern, machen wir ein Experiment:
Wir markieren mit Klebeband die Stelle auf der Uhr, an der der große Zeiger gerade steht. So können die Kinder schon nach wenigen Minuten erkennen, wie der Zeiger gewandert ist, und den neuen Zeigerstand durch einen weiteren Klebestreifen markieren.

Wichtige Uhrzeiten

Da wir Erwachsenen häufig von Uhrzeiten sprechen, sollten wir einmal gemeinsam mit den Kindern überlegen, welche regelmäßig wiederkehrenden Uhrzeiten für sie notwendig sind (Schulbeginn, gemeinsames Frühstück, Fische füttern, Hund ausführen, Mittagessen usw.).

Nun soll jedes Kind ein Bild malen, das eines der besprochenen Tagesereignisse zum Thema hat. Wir sollten darauf achten, dass wenigstens vier verschiedene Ereignisse dargestellt werden, die sich zeitlich deutlich voneinander unterscheiden. Dann werden die Bilder nach Gruppen geordnet aufgehängt: eine Reihe Frühstücksbilder, eine Reihe Schulbilder, eine Reihe Mittagessenbilder usw. Jede Reihe wird mit einem großen Farbpunkt gekennzeichnet.

Nun brauchen wir wieder die Uhr. Wir erklären den Kindern, dass sich der kleine Zeiger viel langsamer bewegt als der große. Die Klebemarkierungen vom letzten Spiel werden entfernt, dafür kommen jetzt neue farbige Punkte auf die Uhrzeiten, zu denen die dargestellten Tagesereignisse stattfinden. Und zwar jeweils in der Farbe, die dem entsprechenden Tagesereignis zugeordnet ist. Im Verlauf des Tages können die Kinder nun immer wieder nach dem kleinen Zeiger schauen: Wenn die Spitze des kleinen Zeigers auf die Markierung weist, können alle »nachlesen«, welche Tätigkeit jetzt an der Reihe ist (z. B. 9.30 Uhr gemeinsames Frühstück).

Wir bauen eine Sonnenuhr

An einer schattenfreien Stelle im Garten bauen wir mit den Kindern eine Sonnenuhr. Wir brauchen dazu: einen großen Stock, ca. 1 m lang; vier kleine Stöckchen, ca. 20 cm lang; Klebeband und vier beklebte Bierdeckel.

Die Stange wird so in den Boden geschlagen, dass sie eine Neigung von ca. 60 Grad nach Norden hat. Diese Neigung ist erforderlich, damit zur Mittagszeit, wenn die Sonne nahezu senkrecht steht, die Schattenlinie nicht zu kurz wird. Nun werden die Bild-

und Farbsymbole von der vorangegangenen Übung auf die Sonnenuhr übertragen, und zwar möglichst am frühen Morgen.

Die papierbeklebten Bierdeckel haben wir schon vorbereitet; eine Seite wurde farblich gekennzeichnet, die andere Seite mit einem einfachen Symbol bemalt. Diese Symbole entsprechen, stark vereinfacht, den Bildern von vorher. Beispiel: Eine Tasse bedeutet Frühstück (9.30 Uhr, Farbe Blau), ein Fisch bedeutet Fische füttern (10.30 Uhr, Farbe Grün) usw.

Um 9.30 Uhr gehen wir mit den Kindern zum bereits eingeschlagenen Stab. Am Ende der Schattenlinie, die der Stab auf den Boden wirft, stecken wir eines der Hölzchen in den Boden und befestigen daran das Frühstückssymbol (mit Klebeband). Genauso machen wir es im Laufe des Tages mit den anderen Kärtchen. Von da an können die Kinder an sonnigen Tagen immer nachsehen, wann Frühstücks-oder Mittagszeit usw. ist.

Das Uhrenlied

Wenn die Kinder das Lied von Seite 98 singen können, spielen wir ein Liedspiel.

Die Kinder bilden einen Kreis und schauen zur Kreismitte. Während alle die erste Strophe des Liedes singen, klatschen sie metrisch und stampfen dazu mit den Füßen.

Nach der ersten Strophe folgt nun der erste Refrain. Während die Kinder den Refrain singen, beschreiben sie mit ihrer Hand ganz langsam eine große Kreisform in der Luft. (Die langsam beschriebene Kreisform entspricht dem sehr langsamen Stundenzeiger.)

Jetzt folgt die zweite Strophe, bei der die Kinder ihr Singen wieder durch metrisches Klatschen und Stampfen unterstützen. Beim Singen des anschließenden Refrains zeigen die Kinder wieder die große Kreisbewegung mit der Hand. Diesmal wird der Kreis aber schon bedeutend schneller »gemalt« (entsprechend der schnelleren Bewegung des Minutenzeigers).

Das Singen der dritten Strophe wird ebenfalls wieder vom Klatschen und Stampfen begleitet. Beim letzten Refrain wird der Kreis so schnell wie möglich gemalt (Sekundenzeiger).

Wir achten darauf, dass die Kinder den Refrain immer gleich
schnell singen. Das ganze Lied wird in einem Tempo gesungen.
Man kann den Kindern auch folgenden Vorschlag machen:
Beim Singen des ersten Refrains dauert die Kreisbewegung so
lange, wie der ganze Refrain gesungen wird.
Beim zweiten Refrain wird auf jede Zeile ein Kreis gemalt.
Beim letzten Refrain werden auf jede Zeile zwei Kreise gemalt.

2. Strophe
Großer Zeiger, wie ich weiß,
drehst du öfter deinen Kreis.
Drehst du einmal deine Runde,
ist vorbei erst eine Stunde.

3. Strophe
Schneller Zeiger an der Uhr,
du zählst die Sekunden nur.
Dritter Zeiger flitz herum,
schon ist die Minute um!

Text und Musik KNISTER

1. Strophe

1. Klei - ner Zei - ger an der Uhr,

drehst dich ganz, ganz lang - sam nur.

Drehst du ein - mal dich he - rum,

ist ein gan - zer Tag schon um.

Refrain

Zei - ger, Zei - ger, musst dich dre - hen,

Zei - ger, Zei - ger, bleib nicht ste - hen.

Jan kocht eine Knopfsuppe

Es ist Nachmittag. Jan sitzt im Kinderzimmer und spielt. Er hat vor sich einen Topf stehen, in den er zuerst blaue, dann rote und zum Schluss gelbe Knöpfe wirft, dann nimmt er einen Kochlöffel und rührt die Knöpfe um.

Jule hat zugeschaut und fragt nun ganz erstaunt: »Was machst du da eigentlich?«

»Ich koche eine Knopfsuppe«, sagt Jan.

»Eine Suppe aus Knöpfen? Du spinnst wohl!«, sagt Jule. »Knöpfe kann man doch nicht essen!«

»Das weiß ich auch«, sagt Jan und rührt weiter in seinem Topf.

»Warum kochst du dann Knopfsuppe, wenn man sie gar nicht essen kann?«, fragt Jule.

»Die Suppe ist ja auch nicht für mich«, antwortet Jan, »sie ist für meine Puppe.«

»Die Puppe kann ja überhaupt nicht essen, weil sie nicht lebendig ist«, sagt Jule überheblich.

Doch Jan lässt sich nicht aus der Ruhe bringen. Er rührt weiter und weiter und sagt dann: »Das ist mir doch egal. Ich spiele eben, dass es eine Knopfsuppe gibt, und ich spiele eben, dass meine Puppe essen kann, denn im Spiel gibt es alles.«

Nun fängt Jan an seine Puppe zu füttern und Jule schaut interessiert zu. Jans Spiel gefällt ihr immer besser. Sie holt sich aus dem Badezimmer einen Waschlappen und sagt: »Hier habe ich ein Lätzchen für die Puppe. Sie bekleckert sich sonst ja.«

Die Reise mit dem fliegenden Teppich

Das Spiel ist eine phantastische Abenteuerreise mit vielen Stationen. Die Kinder spielen, dass sie mit einem fliegenden Teppich von Ort zu Ort fliegen. Wenn sie landen, erleben sie viele Abenteuer.

Da der Spielleiter während des Spiels nicht immer wieder aus der Rolle steigen und ins Buch sehen sollte, sind hier – als Anregungen – nur einige mögliche Stationen kurz beschrieben. Am besten ist es, aus dem Spielverlauf heraus Änderungen vorzunehmen und neue Stationen dazuzuerfinden. Die Kinder sollten natürlich stark einbezogen werden und Vorschläge machen.

Das Spiel beginnt mit der Flugphase, auf die das Spiel folgt, das wiederum von einem Flug abgelöst wird usw.

Flugphase:
Wir sitzen gemeinsam auf dem »fliegenden Teppich«, einer am Boden ausgebreiteten Decke. Alle rufen:

> *Fliege, Teppich, flieg geschwind,*
> *bis wir ganz woanders sind!*

Darauf hört man das laute Heulen des Fahrtwindes, das von kreisenden Armbewegungen begleitet wird.

100

Spielphasen:

1. Drachenland

Die Hälfte der Kinder spielt einen Drachen: Die Kinder gehen hintereinander und haben die Decke, die vorher den fliegenden Teppich darstellte, über sich gezogen.

Die übrigen Kinder lassen sich nacheinander vom Drachen fressen. Dabei kriecht immer wieder ein Kind unter den Beinen der »Drachenkinder« hindurch und schlüpft so ebenfalls unter die Decke. Wenn alle Kinder vom Drachen gefressen wurden, kitzeln sie ihn von innen am Bauch *(sie kitzeln sich gegenseitig)*. Mit einem fürchterlichen Brüllen spuckt der Drache alle Kinder wieder aus.

2. Land der sprechenden Blumen

Eine Hälfte der Gruppe spielt die Blumen, ihre Hände bilden über dem Kopf eine Kelchform.

Die Blumen sprechen immer das nach, was zu ihnen gesagt wird. Jedes der übrigen Kinder sucht sich eine sprechende Blume und spricht ihr einfache Sätze vor, die die Blume wiederholt.

Fragen wiederholt die Blume ebenfalls wie ein Echo.

Nach einer gewissen Zeit tauschen die Kinder die Rollen.

3. Die schrumpfende Insel

Der Teppich landet im Meer, die Kinder schwimmen durch den Raum. Sie entdecken eine Insel, auf die sie sich retten können, die Decke. Aber zu ihrem Schrecken ist es eine Zauberinsel, die immer kleiner wird. *(Die Decke wird von einer Seite immer mehr aufgerollt.)* Alle Kinder, die keinen Platz mehr auf der Insel finden, müssen wieder schwimmen. Wenn dies alle tun, rollen wir die Decke wieder aus.

4. Land der lebenden Spiegel

Die eine Hälfte der Kinder spielt die lebenden Spiegel, in denen sich die anderen Kinder betrachten. Dazu sucht sich jedes Kind seinen Spiegel und stellt sich vor ihn.

Wenn es eine deutliche Bewegung macht, folgt der Spiegel der Bewegung möglichst genau. *(Arm heben, winken, Bein heben usw.)*

Am Schluss des Spiels (der Reise) sind alle wieder zu Hause.

Knopfspiel Nr. 1:
Wir kochen eine Knopfsuppe

Die Kinder sitzen um den Tisch. Für alle gut erreichbar steht ein großer Kochtopf (Suppentopf) auf dem Tisch, neben dem eine Puppe sitzt.

Wir beginnen das Spiel mit folgendem Spruch:

> *Wir kochen für die Puppe*
> *eine leckre Suppe.*
> *Soll die Suppe uns gelingen,*
> *muss ich euch erst Knöpfe bringen.*
> *Mit Knöpfen, schwarz und rot und grün,*
> *kriegen wir die Suppe hin.*

Während wir den Spruch sagen, gehen wir um den Tisch und teilen jedem Kind Knöpfe aus. Mit den letzten beiden Zeilen (die wir zu jedem Kind sagen) wenden wir uns dem Kind zu und geben ihm auf die Textstelle »schwarz und rot und grün« je einen Knopf in der entsprechenden Farbe. (Vorher haben wir die Knöpfe farblich sortiert.)
Wenn alle Kinder ihre Knöpfe haben, setzen wir uns zu ihnen an den Tisch. Wir nehmen einen schwarzen Knopf, halten ihn hoch, zeigen ihn den Kindern und sagen:

> *Das ist der schwarze Knopf!*
> *Das ist der schwarze Knopf!*

Wir wiederholen den Satz immer wieder und klopfen dabei mit dem Knopf metrisch auf den Tisch. Jetzt nehmen auch die Kinder

102

ihren schwarzen Knopf zur Hand und sprechen und klopfen alle zusammen mit uns.

Wählt ein Kind einen Knopf der falschen Farbe, gehen wir zum betreffenden Kind und vergleichen unseren Knopf mit dem des Kindes, bis das Kind den richtigen Knopf gefunden hat.

Wenn alle Kinder mit dem richtigen Knopf klopfen, geht unser Text so weiter:

> *Jetzt kommt der schwarze Knopf*
> *rein in den Suppentopf!*

Während wir diesen Spruch sagen, legen wir unseren Knopf demonstrativ in den Suppentopf. Wir wiederholen den Spruch so lange, bis auch alle Kinder ihren schwarzen Knopf in den Topf gelegt haben. Dann fahren wir fort:

> *Jetzt fragen wir die Puppe:*
> *Schmeckt dir unsre Suppe?*

Darauf lassen wir die Puppe antworten, indem wir mit einer veränderten Puppenstimme sprechen:

> *Nein, die Suppe schmeckt nicht fein,*
> *da müssen viel mehr Knöpfe rein!*

Das Spiel geht wieder zurück zum Ausgangspunkt. Wir zeigen den Kindern einen Knopf in einer anderen Farbe (rot), klopfen mit ihm wie vorher und sagen dabei:

> *Das ist der rote Knopf…*

Nach der beschriebenen Methode wandern nun der rote und schließlich der grüne Knopf in den Topf.

Wenn der dritte Knopf im Topf liegt, ändert sich der Schlussvers, den die Puppe spricht. Sie antwortet jetzt:

> *Ja, das ist 'ne leckre Suppe,*
> *die schmeckt sicher jeder Puppe!*

Hinweis:
Wir sollten die Farben erst dann wechseln, wenn die Kinder die

drei Farben sicher beherrschen. Danach können wir nach und nach eine der drei Farben austauschen. Damit der Reim erhalten bleibt, muss die Farbe Grün allerdings immer im Spiel bleiben (z. B. … mit Knöpfen gelb und blau und grün …).

Knopfspiel Nr. 2: Rasselknopf und Rasseltopf

Bei dem nun folgenden Spiel bekommen die Kinder die drei Farben nicht vorsortiert, sondern müssen sie aus einer Menge von farblich unterschiedlichen Knöpfen heraussuchen. Dazu müssen die Kinder auf das im Knopfspiel Nr. 1 erlernte Wissen zurückgreifen. Dies ist gleichzeitig eine gute Kontrolle, wie weit die Farben wirklich erlernt wurden.

Die Kinder sitzen am Tisch und haben vor sich einen leeren Joghurtbecher stehen. Während wir nun jedem Kind eine Hand voll Knöpfe geben, sprechen wir immer wieder folgenden Vers:

> *Heute baun wir Rasseltöpfe,*
> *dazu braucht man viele Knöpfe.*

Wir achten darauf, dass in der Knopfauswahl, die jedes Kind erhält, auch alle Farben enthalten sind, die im Spiel vorkommen. Dann setzen wir uns zu ihnen an den Tisch und klopfen metrisch mit dem Finger auf die Tischkante. Dazu sagen wir:

> *Zeig mir den blauen Knopf!*
> *Zeig mir … usw.*

Während wir weiterklopfen, klopfen nun die Kinder mit ihren Knöpfen und sagen immer wieder:

> *Das ist der blaue Knopf,*
> *das ist der blaue Knopf ...*

Während die Kinder weitersprechen und weiterklopfen, haben wir Gelegenheit zum korrigieren. Haben alle den richtigen Knopf, setzen wir uns wieder hin, nehmen ebenfalls einen blauen Knopf in die Hand und sprechen im Metrum, in dem die Kinder klopfen:

> *Jetzt kommt der blaue Knopf*
> *rein in den Rasseltopf,*
> *jetzt kommt der blaue Knopf*
> *rein in den Rasseltopf!*

Während der Wiederholung werfen alle Kinder ihre Knöpfe in die Joghurtbecher. Jetzt demonstrieren wir, wie das Spiel weitergeht: Während die eine Hand den Joghurtbecher fasst, verschließt ihn die andere Hand wie ein Deckel. Dazu sagen wir:

> *Die Hand verschließt den Rasseltopf,*
> *dann rasselt unser Rasselknopf.*
> *Rassel, rassel, rassel ...*

Wenn nun auch die Kinder metrisch rasseln, sprechen alle dazu: »Rassel, rassel ...«
Wenn die Kinder lange genug gerasselt haben, verschaffen wir uns Gehör und sagen den Spruch:

> *Noch schöner klingt der Rasseltopf,*
> *kommt dazu ein roter Knopf!*

Wir stellen unseren Becher beiseite, klopfen wieder mit unserem Finger auf die Tischplatte und gehen zum Ausgangspunkt des Spieles zurück:

> *Zeig mir den roten Knopf,*
> *zeig mir ...*

Wir können also beliebig viele Farben dazunehmen oder wiederholen.

Guten Appetit!

Es ist ein warmer Sonntag. Der Himmel ist schön grün. Flunker
mäht mit Flunkervater den Rasen.

»Wo sollen wir denn das rote Gras hintun?«, fragt Flunker.

»Da vorn unter den blauen Apfelbaum!«, sagt Flunkervater.

Flunkermutter ruft aus dem Fenster: »Reinkommen, Mittagessen!«

»Was gibt's denn heute?«, will Flunkervater wissen.

Flunkermutter zählt auf: »Es gibt leckeren roten Spinat. Dazu gibt
es blaue Kartoffeln. Und für jeden ein dunkelgrünes Spiegelei.«

»Oh, lecker!«, sagt Flunker. »Und was gibt's zum Nachtisch?«

»Es gibt blaue Erdbeeren mit Schlagsahne«, antwortet Flunkermutter und fragt: »Was möchtet ihr zum Essen trinken?«

»Ich ein kühles, blaues Bier«, sagt Flunkervater.

»Und ich einen grünen Kakao«, wünscht sich Flunker.

»Gut«, sagt Flunkermutter. »Dann kommt rein, sonst wird das Essen kalt.«

Ich bin berühmt und reich …

Der sagt: Ich bin berühmt und reich!
Der sagt: Ich bin ein Wüstenscheich!
Der sagt: Ich bin der Nikolaus!
Der sagt: Ich 'ne kleine Maus!
Der letzte sagt: Ich glaub, ihr spinnt.
Ihr wisst doch, dass wir Finger sind!

Die eine Hand bildet eine Faust. Mit jeder Zeile wird nun ein
Finger mehr ausgestreckt und jeweils von der anderen Hand um-
schlossen oder vom Zeigefinger der anderen Hand angetippt.
Man beginnt mit dem Daumen und endet beim kleinen Finger.

106

Verdrehte Welt

Text und Musik KNISTER

Refrain

So was, ja so was, wer hät-te das ge-dacht, das stimmt doch nicht, das stimmt doch nicht, das wä-re ja ge-lacht.

1. Strophe

1. Ein Nil-pferd kommt die Trep-pe rauf und macht ga-lant die Tü-re auf.

2. Strophe
Der Elefant
steigt auf das Dach
und macht der Maus
die Kinder wach.
Refrain …

3. Strophe
Ein Fisch,
der geht am Meeresstrand
und trägt 'nen Schirm
in seiner Hand.
Refrain …

4. Strophe
Zum Zahnarzt
geht der Gockelhahn.
Ihn schmerzt der
linke Backenzahn.
Refrain …

WUT IM BAUCH

Dieses Kapitel enthält weder Spiele noch rhythmische Übungen. Dies liegt in seinem Thema begründet, da man in einem Spiel nicht die verschiedenen Erscheinungsformen von Wut differenziert darstellen kann und man sich auf die aktiven, spielbaren beschränken muss, wie z. B. heftiges Aufstampfen, Zertrümmern von Gegenständen, Aggression gegen sich selbst, Brüllen u. Ä. Diese plakative Darstellung von Wut kann aber auch unerwünschten Modellcharakter haben für Kinder, bei denen sich Wut vielleicht in ganz anderer Form äußert. Deshalb finden sich in diesem Kapitel ausschließlich Vorschläge zur Wutüberwindung.

Außerdem werden zwei Vorlesegeschichten zum Thema angeboten, beide bieten gute Einstiegsmöglichkeiten für ein Gespräch mit Kindern über deren Erfahrung mit der Wut. Je nach Situation sollte eine der beiden Geschichten ausgewählt werden. Bitte nicht beide nacheinander lesen.

Bei Wut im Bauch schmeckt der Kuchen nicht

 Es ist Sonntagmorgen, Papa ist in der Küche und backt einen Kuchen. Als er ihn aus dem Backofen holt, kommen Jan und Jule in die Küche.

»Oh, Kuchen! Das riecht aber lecker«, sagt Jule.

Und auch Jan ist begeistert. »Apfelkuchen! Den esse ich am liebsten.«

»Vorsicht! Fass das Kuchenblech nicht an, du verbrennst dich!«, sagt Papa.

»Ich pass schon auf«, sagt Jan. »Ich will ja nur ein Stück Kuchen haben.«

»Ich will auch ein Stück«, ruft Jule begeistert.

»Halt, halt!«, ruft Papa. »Finger weg vom Kuchen, den gibt's heute Nachmittag zum Kaffee.«

»Ich will aber jetzt Kuchen«, sagt Jan.

»Nein«, sagt Papa.

»Ich will ja nur ein ganz kleines Stück«, sagt Jan.

»Ich hab doch schon nein gesagt!«, antwortet Papa.

»Ich will aber!«, sagt Jan und stampft mit dem Fuß auf.

»Mach doch nicht so ein Theater!«, sagt Papa. »Der Kuchen ist noch viel zu heiß. Geh lieber mit Jule spielen.«

»Ich will nicht mit Jule spielen, ich will Kuchen haben!«, schreit Jan.

»Nun reicht's«, sagt Papa. »Den Kuchen gibt es heute Nachmittag. Und damit Schluss!«

»Heute Nachmittag will ich keinen Kuchen«, schreit Jan. »Und außerdem mag ich deinen blöden Apfelkuchen sowieso nicht!«

»Super«, sagt Jule. »Dann krieg ich ja heute Nachmittag deinen Kuchen auch.«

Ob Jan wohl wirklich keinen Kuchen wollte?

Wir lassen die Kinder zunächst von ihren eigenen Erfahrungen mit Wut erzählen. Es sollte klar werden, dass Wut eigentlich nichts Schlimmes ist. Es kommt aber vor, dass man jemandem aus Wut wehtut, dem man eigentlich keinen Schaden zufügen möchte, oder dass man in einem jähen Anfall von Wut Sachen zerstört, um die es einem später Leid tut.

Man sollte den Kindern auch klarmachen, dass die Wut (zumindest die Phase, in der man die Kontrolle über sich selbst verliert und Sachen zertrümmert, schlägt o. Ä.) meistens sehr schnell verraucht ist.

Damit die Kinder lernen, diese ersten gefährlichen Sekunden eines Wutausbruches zu überwinden, können wir ihnen verschiedene Hilfen anbieten; sie können sie anwenden, wenn sie spüren, dass sie in starke Wut geraten: langsam bis zehn zählen, dreimal tief Luft holen, beide Hände in die Tasche stecken usw.

Diese Hilfen haben den Zweck, dem Kind im Moment der Anwendung bewusst zu machen, dass es im Begriff ist, die Kontrolle über sich zu verlieren. Dadurch wird es an seinen Vorsatz erinnert, sich nicht zu Handlungen hinreißen zu lassen, die es später bereut. Diese Hilfen haben eine Signalwirkung für das Kind, wobei es selbst das Signal auslöst. Jedes Kind wird sich für eine dieser Hilfen entscheiden, um sie von da an zu gebrauchen.

Hinweis:
Es ist sicher besser, die Wut aus sich herauszulassen, aber nicht in jeder Situation in jeder Form möglich. Ein paar Anregungen dazu finden wir am Ende dieses kurzen Kapitels.

Das Wutlied

Text und Musik KNISTER

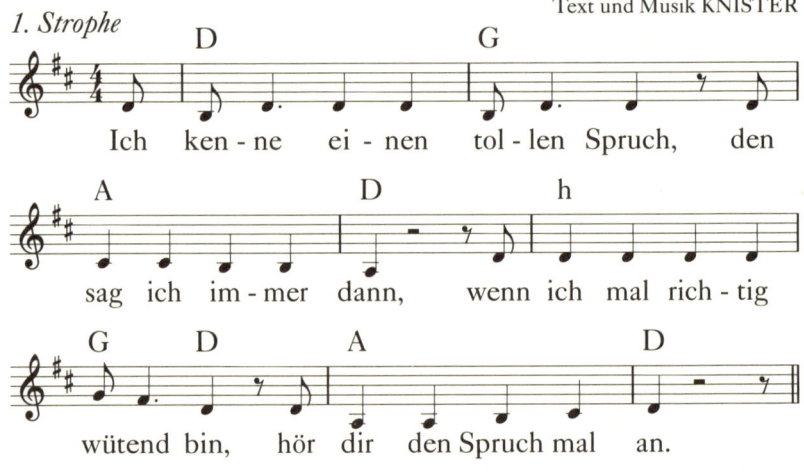

2. Strophe
Jetzt geht es mir
schon wieder gut,
die Wut ist aus dem Bauch.
Probier den Spruch
doch selber aus,
bestimmt hilft er dir auch.
Refrain …

Brüll die Wut zum Fenster raus!

Mama, Jan und Jule sitzen beim Mittagessen.

»Nach dem Essen geh ich draußen spielen«, sagt Jule.

»Nein, das glaube ich nicht«, antwortet Mama.

»Wieso denn nicht?«, fragt Jule.

»Weil du heute dein Zimmer aufräumen wirst.«

»Ach, das mach ich morgen«, sagt Jule. »Es ist so schönes Wetter.«

»Und morgen ist auch wieder schönes Wetter und dann hast du wieder eine Ausrede!«

»Ich kann ja erst spielen und dann aufräumen«, schlägt Jule vor.

»Kommt überhaupt nicht in Frage«, sagt Mama. »Das Zimmer wird aufgeräumt, und zwar sofort!«

Jule wird immer wütender. »Dann muss Jan mir aber helfen!«, schimpft sie.

»Nein«, sagt Mama. »Jan hat vorige Woche aufgeräumt.«

»Tschüs! Ich geh jetzt spielen«, sagt Jan und steht auf.

»So 'ne Gemeinheit!«, brüllt Jule. »Jan darf spielen und ich muss aufräumen. Aufräumen ist das Blödeste auf der ganzen Welt!« Sie rennt ins Kinderzimmer. Unterwegs brüllt sie noch laut: »Ihr seid eben alle doof!« Dann wirft sie krachend die Tür hinter sich zu.

Jan ist ganz erschrocken und geht ihr nach. Vor der Kinderzimmertür bleibt er stehen und lauscht. Aus dem Zimmer hört er dumpfe, klopfende Geräusche, es klingt wie bei einem Boxkampf. Vorsichtig öffnet er die Tür und sieht Jule, wie sie wütend auf ihr Kopfkissen einhaut. »Was machst du denn da?«, fragt er.

»Das siehst du doch, ich verprügel euch«, antwortet Jule.

»Das ist gut«, sagt Jan. »Besser du verprügelst das Kissen als mich, das tut mir wenigstens nicht weh.«

»Und bei mir geht die Wut weg«, sagt Jule.

Das versteht Jan ganz gut. »Du verhaust das Kissen und denkst, das wären wir. Und dann bist du nicht mehr wütend. Super. Aber ich mach das anders.«

»Wie denn?«, fragt Jule neugierig.

»Na, ganz einfach: Ich mach das Fenster auf und schrei und schimpf auf das, was mich wütend gemacht hat. Dann ist meine Wut weg.«

Übungen gegen die Wut

1. Wut ins Kissen schlagen
Die Übung erfolgt wie in der Vorlesegeschichte beschrieben.
Während das Kind ins Kissen schlägt, kann es dazu schimpfen. Je mehr der ganze Körper an der Schlagbewegung beteiligt ist, desto mehr löst sich die Spannung, desto wirksamer wird die Wut abgeleitet.

2. Wut zum Fenster rausbrüllen
Die Übung erfolgt wie in der Vorlesegeschichte beschrieben.
Wir erläutern den Kindern, dass diese Übung besonders gut geeignet ist, wenn man auf jemanden wütend ist, bei dem man Angst hat, seine Wut zu äußern. Das Kind kann dabei das Gefühl haben, dass die Person, auf die es wütend ist, es sogar hören kann, ohne ihm aber »gefährlich« werden zu können, weil es weit genug entfernt ist.

3. Wut in Tüte brüllen
Das Kind brüllt seine Wut in eine Papiertüte, bis diese voll (aufgeblasen) ist, und bringt sie dann durch einen kräftigen Schlag zum Platzen.
Diese Übung enthält Elemente der beiden vorangegangenen Übungen.

Willi Wüterich ist wieder wütend

Die Kinder schneiden aus Illustrierten oder Versandhauskatalogen Fotos von Geräten (Staubsauger, Radio, Fahrrad usw.) und Spielzeug aus.
Wir erklären ihnen, dass sie nun einen Superriesenwutanfall von Willi Wüterich darstellen sollen, bei dem er wieder mal alle erreichbaren Dinge im Haus kaputtgemacht hat.
Die Kinder zerreißen oder zerschneiden die vorher ausgeschnittenen Fotos und kleben sie so auf ein Blatt Papier, dass ein richtiger großer Berg entsteht, der fast bis an den oberen Blattrand reicht.

Oben, auf die Spitze dieses Gebirges aus zerbrochenen Gegenständen, zeichnen oder malen die Kinder nun den wütenden Willi,
wie er gerade mit dem Fuß aufstampft, etwas zerbricht, mit den
Armen fuchtelt oder eine andere Wutreaktion zeigt.

Zungenbrecher

Wenn Wilfried wütend wird, weint Waltraud,
weil Wilfried Waltrauds Wolle wieder wegwirft.

HERBST

Die Jahreszeit

Jans Wetterbericht

Es ist Nachmittag. Jan und Jule sitzen zu Hause.

»Gehst du mit mir in den Wald, Herbstblätter sammeln?«, fragt Jan.

»Keine Lust!«, sagt Jule. »Es gibt bestimmt doch wieder Regen.«

»Nein, das stimmt nicht«, mischt sich Mama ein. »Du kannst ruhig mit Jan gehen. Im Wetterbericht haben sie gesagt, es bleibt den ganzen Tag trocken.«

»Na gut«, sagt Jule. »Dann nehmen wir aber eine große Tüte für Blätter mit.«

»Und zieht euch warme Sachen an«, mahnt Mama. »Um diese Jahreszeit ist es manchmal schon recht kühl.«

Jan und Jule gehen aus dem Haus. Nach einiger Zeit bleibt Jule stehen und sagt: »Siehst du die dunklen Wolken? Hoffentlich gibt es nicht doch noch Regen!«

»Nein, du hast es doch gehört«, sagt Jan. »Im Wetterbericht haben sie gesagt, heute bleibt es trocken.«

»Na gut«, sagt Jule. »Die im Fernsehen werden's ja wissen.«

Es wird immer dunkler. Da, plötzlich ein Windstoß!

»He, Jan, pass doch auf! Unsere Tüte!«, ruft Jule.

Der Wind hat Jan die Tüte aus der Hand geblasen. Jetzt glaubt auch Jan nicht mehr an das schöne Wetter. »Guck dir die schwarzen Wolken an!«, sagt er. »Und den starken Wind! Das gibt bestimmt ein Gewitter.«

»Los, schnell nach Hause!«, ruft Jule und die beiden rennen gleich los. Kaum sind sie zu Hause, fängt es an zu regnen.

»Schnell ans Fenster, dann können wir uns das Gewitter angucken«, sagt Jan.

Draußen hat der Wind ganz aufgehört. Die ersten dicken Regentropfen platschen auf das Pflaster. Dann wird der Regen immer stärker.

»Da! Ein Blitz!«, ruft Jule. »Hast du gesehen?«

Gleich darauf donnert es laut.

»Da habt ihr ja Glück gehabt, dass ihr nicht nass geworden seid!«, sagt Mama und kommt auch zum Fenster.

»Ich denk, die vom Wetterbericht haben gesagt, dass es heute nicht regnet?«, fragt Ulrike vorwurfsvoll.

»Die im Fernsehen haben halt auch nicht immer Recht«, gibt Mama zu.

»Ich hab eine ganz tolle Idee«, sagt Jan. »Die im Fernsehen sollten den Wetterbericht nicht vorher machen, sondern hinterher.«

»Wie soll das denn aussehen?«, fragt Jule.

Jan erklärt: »Ungefähr so: Heute Morgen war es erst warm und trocken. Aber am Nachmittag kam ein Gewitter und es hat geregnet und geblitzt und gedonnert.«

»Das wäre aber ein sehr später Wetterbericht«, sagt Jule lachend.

»Macht nichts«, sagt Jan. »Hauptsache, er stimmt!«

Wir reden mit den Kindern über den Herbst. Wir fragen sie, woran man erkennen kann, dass die Geschichte im Herbst spielt: a) bunte Herbstblätter fallen (Jule und Jan sammeln), b) der Wind bläst heftig (Jan wird die Tüte aus der Hand geblasen), c) es wird kühler (Kinder sollen warme Sachen anziehen).

Je nach Wissensstand der Kinder geben wir ausführliche Erklärungen zum Herbst und stellen ihn in einen jahreszeitlichen Zusammenhang.

Wir gehen spazieren

An das Gespräch sollte sich ein Spaziergang anschließen, bei dem die typischen Merkmale der Natur im Herbst beobachtet werden. Damit die Kinder die Beobachtungen besser behalten können und so eine Grundlage für die später folgenden Übungen, Spiele usw. zum Thema Herbst erhalten, wird über alles Beobachtete immer wieder gesprochen.

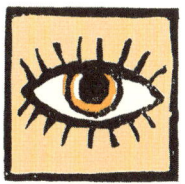

Bei diesem Spaziergang werden die Kinder auch verschiedene Herbstmerkmale begreifen können: bunte Blätter, die vom Wind umhergewirbelt werden oder am Boden liegen; Aststücke, die der Wind abgerissen hat; Kastanien, die herabgefallen sind und aufplatzen, usw.

Der Baum im Wind

 Wir fordern die Kinder auf, Bäume zu spielen. Wir erklären, dass der Brustkorb der Stamm des Baumes ist und die nach oben abgewinkelten Arme die Baumkrone bilden. Die Finger sind die Blätter.

Während alle Kinder mit Blickkontakt zu uns stehen, beginnen wir nun leise den Wind blasen zu lassen. Wir bitten die Kinder, ebenfalls Wind zu blasen und darauf zu achten, welche Teile des Baumes sich bei leichtem Wind bewegen.

Die Kinder bewegen ihre Finger leicht hin und her *(erste Bewegungsphase)*.

Dann wird der Wind stärker und dementsprechend größer werden die Bewegungen des Baumes. Zunächst bewegen sich nur die Unterarme, dann der ganze Arm und der Kopf. Auch das Blasen des Windes ist nun lauter zu hören. Die Kinder ahmen Windgeräusche nach (Schsch … *zweite Phase*).

Die dritte Phase ist nun ein kräftiger Herbstwind, der selbst starke Bäume biegen kann. Nun ist der ganze »Baum« von den Hüften an in Bewegung. Das Heulen des Windes erfüllt den ganzen Raum (Huuuii!! Huuuii!).

Wir wiederholen die Übung und achten darauf, dass die Kinder die Übergänge der einzelnen Windphasen möglichst fließend spielen. In einem dritten Durchgang versuchen die Kinder die Phasen des Herbstwindes ohne unsere helfenden »Einsätze« durchzuspielen.

Zum Thema »Wind und Sturm« folgen hier nun einige Spiele.

118

Pusteball

Zwei Mannschaften sitzen sich am Tisch gegenüber. Am besten geeignet ist ein quadratischer Tisch, der eventuell aus zwei Tischen gebildet wird. Je nach Größe des Quadrats gehören drei oder mehr Kinder zu einer Mannschaft.

An den beiden Seiten, an denen keine Kinder sitzen, werden längs der Tischkante Bauklötze so angeordnet, dass sie eine lückenlose Bande bilden.

Spielverlauf:

Ein Tischtennisball wird in die Mitte gelegt. Jede der Mannschaften versucht nun, den Ball durch Pusten über die gegnerische Tischkante auf den Boden fallen zu lassen. Dabei halten die Kinder ihre Hände auf dem Rücken, der Bauch darf die Tischkante nicht berühren.

Eine Variante wird so gespielt: Jeder Spieler bekommt einen Bauklotz. Mit den Bauklötzen kann zu Beginn des Spiels jede Mannschaft eine Barriere aufbauen, die es dem Gegner erschweren soll, den Ball über die Tischkante zu pusten.

Die Anordnung der Steine kann beliebig gewählt werden. Etwa eine lange Reihe, die einem besonders guten »Puster« gegenübergestellt wird, oder es werden mehrere Steine auf dem Spielfeld verteilt. Wichtig ist nur, dass die Steine zu Beginn des Spiels gesetzt und erst nach einer längeren Spielphase umgesetzt werden dürfen.

Eine weitere Variante (ohne Bauklötze) spielt man, indem man den Ball durch einen Wattebausch ersetzt, der leichter ist und demzufolge manchmal auch von der Tischplatte abhebt und in die Höhe fliegt.

Der Spielreiz aller Varianten ist groß genug, um ohne Punkteverteilung auszukommen.

Ball im Labyrinth

Wir bauen aus Bauklötzen auf dem Tisch ein Labyrinth, dessen Gänge so breit sind, dass ein Tischtennisball durchrollen kann.

119

Nun spielt immer ein Kind nach dem anderen. Aufgabe ist es, den Ball durch Pusten vom Start zum Ziel zu treiben. Das nächste Kind pustet den Ball nun vom Ziel zurück zum Startpunkt. Das dritte Kind bläst wieder in Richtung Ziel usw.

Pustestaffel

Ziel des Spiels ist es, dass vier Kinder einen Tischtennisball gemeinsam vom Start zum Ziel pusten.

Dazu haben wir eine spiralförmige Bahn aus Bauklötzen aufgebaut. Jedes Kind steht an einer Ecke des Tisches und darf nur in eine Richtung pusten. Daraus ergibt sich, dass der Ball wie in einem Staffellauf von Ecke zu Ecke weitergegeben wird, bis er am Ziel ist.

Bei den eben beschriebenen Spielen wird sich zeigen, dass nicht alle Kinder das kräftige Pusten mit gespannter Lippenbildung gut beherrschen. Damit eng verbunden ist die mangelnde Fähigkeit, das »P« deutlich als An- und Inlaut zu bilden.

Darum gibt es hier Sprachübungen, die zur deutlichen P-Bildung führen sollen.

Sprecherziehung:
»P« als An- und Inlaut

Wenn die Lippen nicht fest verschlossen werden, kann im Mundraum nicht genügend Druck entstehen, der, wenn er explosionsartig entweicht, das »P« entstehen lässt. Die folgenden Übungen sollen die unterentwickelte Lippenmuskulatur stärken und werden jeweils mehrmals wiederholt.

Wir sitzen dem Kind gegenüber. Zwischen uns steht eine brennende Kerze. Wir blasen in Richtung der Kerze und fordern dann das Kind auf, die Kerze auszublasen (langsam einatmen – schnell ausatmen).

Wir lassen das Kind auf den Lippen kauen.

Wir lassen das Kind die Lippen abwechselnd spreizen (Zähne zeigen) und vorstülpen (Kussmund).

Wir spielen mit dem Kind das Spiel »Ball im Labyrinth«.

Wir lassen das Kind seine Wangen aufblasen, bis die Lippen den Überdruck nicht mehr halten können und auseinander springen.

Wir lassen auf die Laute Pa, Pe oder Pi eine Kerze ausblasen.

Wir lassen das Kind Vokale sprechen und durch plötzlichen Lippenverschluss verstummen (app, epp, ipp).

Wir lassen das Kind Silben nachsprechen, in denen »P« als An-, In- und Auslaut vorkommt (Pe, Pa, Papa, happ, epp usw.). Durch das Sprechen der Laute wird ein Kerzenlicht zum Flackern gebracht.

Wir spielen mit dem Kind folgende Sprechspiele:

Piff-paff-pete

Piff – paff – pete,
Peter spielt Trompete.
Pim – pom – pam,
Paul schlägt die Pauke an.

Das Kind spricht den Vers, während der ersten Zeile »spielt« es gleichzeitig Trompete: Die linke Hand hält die Trompete, während die rechte Hand vor- und zurückgeführt wird. Die Hand liegt zunächst am Brustkorb, dann wird der rechte Arm ganz ausgestreckt und wieder zurückgeführt (wie beim Posaunespielen). Das Vor- und Zurückfahren der rechten Hand folgt dem Sprachrhythmus der ersten Zeile.

Während der zweiten Zeile »schlägt« das Kind im Sprachrhythmus auf die Pauke und spricht dazu den Text.

Rassel laut – Rassel leise

Text und Musik KNISTER

122

Jedes Kind bekommt zwei Joghurtbecher, in den einen werden fünf Knöpfe gelegt. Die Kinder decken die Öffnung mit der Hand ab und rasseln mit dieser Becherrassel.

In den zweiten Becher wird zuerst ein Papiertaschentuch gesteckt, dann werden ebenfalls fünf Knöpfe hineingelegt. Diese Rassel rasselt viel leiser.

Im anschließenden Lied wechseln laut und leise ständig ab. Während die Kinder den Anweisungen des Textes folgen und metrisch rasseln, singen sie das folgende Lied. Dabei wird eine Strophe laut gesungen und dabei laut gerasselt, die andere wird dementsprechend leise vorgetragen.

Als Einstieg für ein Gespräch über laute und leise Geräusche kann das folgende Gedicht dienen, das wir den Kindern vorlesen:

Hoppe, hoppe

Wir lassen das Kind auf unseren Knien reiten. Dazu sprechen wir beide:

Hoppe, hoppe, Pferdchen, saus,
hoppe, hoppe, schnell nach Haus.

Pepes Puppe ist aus Pappe

Pepes Puppe ist aus Pappe,
aus Papier ist seine Kappe.
Oft wippte Pepe auf der Wippe,
heute nicht – denn er hat Grippe.

Leise Geräusche

Nachts, wenn es ganz leise ist
und niemand mehr die Ruhe stört,
dann hört man all die leisen Dinge,
welche man am Tag nie hört:

Leise knackt der Küchenstuhl,
im Kühlschrank klirrt das Einmachglas,
es tropft der Wasserhahn im Bad
und draußen streicht der Wind durchs Gras.

Tags, wenn viele Menschen reden
und dazu das Radio spricht,
tags, wenn all die Autos fahren,
hört man diese Sachen nicht.

Schreien – sprechen – flüstern

In dieser Übung erweitern die Kinder spielerisch ihren Wortschatz zum Begriff »Sprechen«.

Spielverlauf:
Wir erklären den Kindern, dass sie in verschiedenen Lautstärken immer den gleichen Satz sagen sollen. Aus den verschiedenen Verben, die wir für das Wort »Sprechen« wählen, sollen die Kinder erkennen, in welcher Lautstärke sie ihren Satz sprechen.
Während die Kinder die ersten Male den Satz »Ich esse gerne Äpfel« flüstern oder laut rufen, helfen wir ihnen, bis alle Kinder die Aufgabenstellung verstanden haben.

Zur Fortführung hier einige Beispiele:

Flüstern: »Ich esse gerne Äpfel.« (Kinder flüstern)

Sagen: »Ich esse gerne Äpfel.« (normale Lautstärke)

Rufen: »Ich esse gerne Äpfel.« (Kinder rufen laut)

Weitere mögliche Verben: grölen, wispern, schreien, brüllen, murmeln, sprechen …

Die Reihenfolge der Verben wird beliebig gewählt, es können also auch zwei Sätze hintereinander in höchster Lautstärke gerufen werden.

Die Regenmacher

Tagtäglich werden Kinder mit dem Medium Fernsehen konfrontiert. Der Unterschied zwischen Scheinwelt und realem Erleben droht immer mehr zu verwischen. Dass es in Wirklichkeit keine lila Kühe gibt, wissen unsere Kinder hoffentlich noch, aber die nachfolgenden Spiele sollen Kindern ins Bewusstsein rufen, wie sehr ihre Wahrnehmungswelt schon vom Fernsehkonsum verfälscht ist; sie sollen helfen, die Scheinwelt des Fernsehens zu durchschauen und mit kritischer Distanz auf sich wirken zu lassen. Bei der Durchführung sollten wir dieses Ziel immer wieder herausarbeiten, ohne allerdings das Medium Fernsehen zu verteufeln.

Für alle Tonbandexperimente brauchen wir einen Kassettenrekorder mit Aufnahmemöglichkeit (keinen Walkman). Die meisten dieser Rekorder haben ein Mikrofon eingebaut. Um bessere Ergebnisse zu erzielen, empfiehlt es sich aber, trotzdem ein externes Mikro anzuschließen (ist aber nicht Bedingung). Dieses Mikro nicht in der Hand halten, sondern auf einem (Foto-)Stativ befestigen oder zur Not auf ein Kissen legen. Bei der Wahl der Leerkassette sollte man wieder nicht sparen und gutes Material verwenden. Frische Batterien machen uns unabhängiger.

Wir wollen nun herausfinden, ob die Geräusche in einem Film oder einem Hörspiel wohl natürlich aufgenommen wurden oder künstlich von einem so genannten Geräuschemacher hergestellt wurden, indem wir unsere eigenen Aufnahmen miteinander vergleichen.

125

Regen, Wind, Hagel usw. natürlich: Wird im Freien bei einem kräftigen Gewitter aufgenommen.

Regen künstlich: Aus einer Tüte lassen wir Reis in eine Pappschachtel prasseln. Der Mikrofonabstand beträgt ungefähr einen Meter.

Hagel: Ähnlich wie beim Regen lassen wir die Reiskörner in eine leere Blechdose »hageln«. Mikrofon ganz dicht (10 cm) neben der Dose.

Donner: Wir stopfen kleine Kügelchen (Erbsen oder Murmeln) in einen Luftballon. Dann lassen wir die Kugeln im aufgeblasenen Ballon kräftig durcheinander donnern. Mikroabstand ungefähr 10 cm.

Wind: Mit einer Kleiderbürste reiben wir ein Stück Stoff oder Pappe.

Gewitter: Hierzu lassen wir einige Helfer die vorher beschriebenen Geräusche gleichzeitig oder hintereinander erzeugen.

Feuer: Für ein kleines Lagerfeuer zerknüllen wir Zellophan dicht vor dem Mikrophon. Für einen Furcht erregenden Waldbrand wird während des Zellophanknitterns sehr leicht über das Mikro geblasen. Wenn jetzt noch gleichzeitig dünne Hölzchen (Streichhölzer) vor dem Mikro zerbrochen werden, ist das Ergebnis perfekt.

Im Trickfilmstudio

Die nachfolgenden Angebote sollen den Kindern bewusst machen, mit welch einfachen filmischen Mitteln wir im Fernsehen an der Nase herumgeführt werden können. Im Idealfall sollten wir dazu eine Videokamera zur Verfügung haben. Zur Not kann aber auch ein einfacher Fotoapparat die Tricktechnik verdeutlichen.

Wir spazieren in unser Lebkuchenhaus

Zunächst bauen wir ein Modellhaus (Lego, Pappe, Lebkuchen oder Holz). Firsthöhe nicht niedriger als 30 cm. In das buntbemalte Haus kleben wir an Stelle der Haustür einen Spiegel. Zur Trickaufnahme richten wir das Modell auf einem Stativ im Freien so aus, dass sich eine echte Haustür im Modellhaustürspiegel spiegelt. Die Kamera wird nun so auf das Modell ausgerichtet und fokussiert, dass das Modell formatfüllend im Bild ist. Wenn nun jemand aus der echten Haustür heraustritt, scheint er aus unserem Modell herauszutreten. Auf die gleiche Weise kann man natürlich auch aus entsprechend »verspiegelten« Fenstern winken.

Besonders eindrucksvoll ist ein kleiner Spielfilm, in dem schon das Bauen des Modells dokumentiert wird. Später werden dann durch geschickte Schnittfolge und sorgfältige Motivauswahl die fleißigen Handwerker selbst in ihr Modellhaus hineinspazieren. Da wird sogar David Copperfield staunen!

127

Leiser Lärm

Der kleine Flunker sitzt in der Küche und hört Musik. Flunkermutter kommt herein und sagt: »Psst! Papa macht seinen Mittagsschlaf! Stell das Radio lauter, sonst wacht er auf!«

»Was sagst du?«, ruft Flunker. »Ich kann dich nicht verstehen, hier ist es viel zu leise.«

»Nicht so leise, Papa schläft!«, wiederholt Flunkermutter.

»Ach so, das hab ich nicht gewusst«, sagt Flunker und stellt das Radio ganz laut.

Als Mutter wieder gehen will, stößt sie aus Versehen an eine Schüssel, die auf dem Tisch steht. Die Schüssel knallt leise auf den Boden und zerbricht in viele Stücke.

Gleich darauf kommt Flunkervater herein. »Was ist denn das für eine Stille?«, fragt er mürrisch. »Immer, wenn ich schlafen will, seid ihr so leise, dass ich aufwache. Könnt ihr nicht ein einziges Mal ganz, ganz laut sein?«

ANGST UND SCHRECKEN

I
n diesem Kapitel gibt es zwei Vorlesegeschichten zum
Thema »Angst«, in denen es um verschiedene Formen der
Angstbewältigung geht. Beide Geschichten sollten aber nicht
aufeinander folgend vorgelesen werden. Die an die Geschichte anschließenden Gespräche und Übungen sind jeweils
austauschbar. Da das Thema Angst immer wieder auftaucht, kann
je nach Situation die richtige Geschichte ausgewählt werden.

Mama und Papa sind ausgegangen

Es ist tiefe Nacht. Jan und Jule liegen im Bett und schlafen.
Plötzlich wacht Jule auf. Sie hört, dass Jan leise weint. »He, Jan,
was ist denn los?«, fragt sie müde.
»Ich hab Angst. Ich hab so schlecht geträumt«, antwortet Jan.
Jule knipst das Licht an. »Jetzt geht's dir bestimmt gleich besser«,
beruhigt sie ihn.

»Nein, ich will, dass Mama kommt!«, sagt er weinend.
»Mama und Papa sind doch nicht da«, erklärt Jule. »Sie sind ins
Kino gegangen. Ich hol dir eine Tasse Milch, dann kannst du wie-
der einschlafen.«
»Ich will aber nicht einschlafen«, sagt Jan. »Sonst träume ich wie-
der so schlecht.« Er weint immer lauter und lässt sich nicht beru-
higen.
Dann hat Jule eine Idee. »Wir können ja hinüber zu Herrn Dippel
gehen. Der ist bestimmt noch wach«, schlägt sie vor.
Jan und Jule ziehen ihre Hausschuhe an und klingeln bei Herrn
Dippel. Herr Dippel ist ein älterer Herr, der allein mit seinem
Dackel in der Nachbarwohnung lebt. Er kommt auch gleich an die
Tür. »Na, was macht ihr denn so spät noch hier?«, sagt er.
Jule erklärt: »Unsere Eltern sind nicht da und Jan hat Angst.«

»Na, dann kommt erst mal rein«, sagt Herr Dippel freundlich.

Als nach einer Weile die Eltern heimkommen, finden sie die Betten der Kinder leer. Aufgeregt suchen sie in der ganzen Wohnung nach Jan und Jule. »Es wird doch nichts passiert sein?«, fragt Papa. Mama kriegt Angst. »Sollen wir die Polizei anrufen?«, fragt sie.

»Nein, lass uns lieber erst zu Herrn Dippel gehen. Vielleicht hat der was gehört«, antwortet Papa.

Als die Eltern bei Herrn Dippel ankommen, hören sie drinnen Jule und Jan lachen.

»Was macht ihr denn hier?«, ruft Mama überrascht.

»Wir spielen mit dem Hund«, sagt Jan.

»Ihr habt uns ja einen schönen Schreck eingejagt! Weshalb seid ihr denn bei Herrn Dippel?«, fragt Papa.

»Jan hat Angst gehabt«, erklärt Jule.

»Und ihr wart ja nicht da!«, sagt Jan vorwurfsvoll.

Jetzt mischt sich auch Herr Dippel ein. »Nun ist ja alles wieder in Ordnung«, beruhigt er alle. Und zu den Eltern sagt er: »Wenn Sie wieder mal ins Kino gehen wollen, kann ich ja in Ihre Wohnung kommen und nach den Kindern gucken.«

»Prima!«, sagt Jan. »Und den Dackel bringen Sie mit!«

Nach dem Vorlesen fragen wir die Kinder, ob sie auch schon einmal allein waren und dabei Angst hatten. Wir sprechen mit ihnen über Angst und überlegen gemeinsam, wie man ähnliche Situationen wie in der Geschichte vermeiden oder bewältigen kann.

Als Möglichkeiten bieten wir an:

Die Eltern geben Nachbarn den Schlüssel, bevor sie ausgehen.

Die Oma bleibt bei den Kindern oder sie schlafen bei der Oma.

Die Eltern hinterlassen die Telefonnummer (von Freunden oder vom Restaurant), unter der sie zu erreichen sind.

Die Kinder machen Licht und Radio an, um die Wirkung eines Angsttraumes zu vertreiben.

Die Kinder erklären ihrer Puppe oder ihrem Schlaftier, warum sie keine Angst zu haben brauchen, usw.

Besonders hilfreich ist es auch, wenn sich die Kinder (möglichst laut) selbst etwas vorsingen. Ein Angebot dafür ist das nachfolgende Lied.

Angstlied

Text und Musik KNISTER

1. Strophe

1. Ich ken-ne ei-nen tol-len Spruch, den

sag ich im-mer dann, wenn ich mal rich-tig

ängst-lich bin, hör dir den Spruch mal an.

2. Strophe
Jetzt geht es mir
schon wieder gut,
die Angst ist aus dem Bauch.
Probier den Spruch
doch selber aus,
bestimmt hilft er dir auch.
Refrain …

Refrain

Gru-sel, gru-sel, Furcht und Schreck,

Angst, ver-schwin-de, Angst, geh weg.

Die Angst kneift nicht mehr

Jedes Kind kriegt eine Wäscheklammer. Die Kinder kneifen sich jetzt selbst spielerisch mit ihrer Wäscheklammer, indem sie sich die Klammer auf einen Finger stecken. Wir sagen ihnen, dass die Wäscheklammer im nachfolgenden Spiel die Angst sein soll, die sie manchmal kneift.

Spielverlauf:

Die Kinder klemmen sich ihre Wäscheklammer für alle gut sichtbar an die Kleidung. Sie fassen sich an und bilden einen Kreis, der sich in einer Richtung langsam dreht. Ein Kind läuft in Gegenrichtung außen um den Kreis, es spielt im Spiel das ängstliche Kind. Während die Kinder gehen, sprechen alle:

> *Ich gehe um den Kreis herum*
> *und ich bin ganz allein.*
> *Ich hab so Angst, ich hab so Angst,*
> *wer lässt mich denn hinein?*

Jetzt bleiben alle stehen und sagen laut:

> *Komm rein zu uns!*

Dabei heben sie ihre Arme (die Hände halten sich weiter gefasst). Das Kind tritt nun an einer beliebigen Stelle in den Kreis, indem es unter den Armen durchschlüpft. Wenn es im Mittelpunkt des Kreises steht, verengen die Kinder den Kreis immer mehr. Alle streicheln jetzt das Kind. Dabei sprechen alle:

> *Ei, ei, ei,*
> *die Angst geht schnell vorbei.*
> *Ei, ei, ei.*

Während des Streichelns lösen sie die »Angstklammer« des Kindes, das sie streicheln. (Sie streicheln ihm die Angst weg.)
Die Klammer wird auf den Boden geworfen, dann wird der Kreis wieder wie vorher gebildet. Das Kind, das von seiner Angst befreit wurde, steht noch im Kreis!
An den Wäscheklammern der anderen Kinder kann es erkennen, welches Kind noch seine »Angst« hat. Ein solches Kind wird jetzt von ihm ausgewählt und aus dem Kreis geschickt.
Das Kind in der Kreismitte schließt den Kreis wieder und das Spiel beginnt von vorn.
Wenn alle Klammern im Kreis liegen, ist das Spiel beendet.

Angstbilder

Die Kinder sollen malen, was ihnen Angst macht. Die verschiedensten Lösungsmöglichkeiten zum Thema sind denkbar. Wir machen dazu aber keine Vorschläge, um die Kinder nicht in irgendeine Richtung zu lenken. Wenn möglich, sitzen die Kinder so im Raum verteilt, dass sie sich nicht gegenseitig beeinflussen.

Wir lassen jedes Kind sein fertiges Bild interpretieren. Die Übung kann für uns sehr aufschlussreich sein und einen guten Einstieg für ein Einzelgespräch bilden.

Kinder, die sich verlaufen haben, sind einer extremen Angstsituation ausgesetzt. Da es immer wieder vorkommt, dass Kinder nicht mehr nach Hause finden, üben wir in Einzelgesprächen regelmäßig Namen und Adresse.
Zur Vertiefung bieten wir das folgende Spiel an.

Ich weiß nicht, wo ich bin

Voraussetzung für das Spiel ist es, dass die Kinder einigermaßen sicher Namen und Adresse nennen können.
Die Kinder fassen sich an der Hand und bilden einen großen Kreis. Ein Kind eröffnet das Spiel und übernimmt damit die Rolle des Kindes, das sich verlaufen hat. Es verlässt seinen Platz und geht außen um den Kreis herum.
Während es um den Kreis geht, sprechen alle Kinder:

> *Oh, wie ist das schlimm,*
> *ich weiß nicht, wo ich bin!*
> *Ich muss 'nen Polizisten fragen,*
> *der kann mir den Heimweg sagen.*

Jetzt bleibt das verloren gegangene Kind hinter einem Kind aus dem Kreis stehen und klopft ihm auf die Schulter. Nun beginnt ein Frage- und Antwortspiel zwischen dem Kind und dem »Polizisten«.
Das Kind klopft und sagt: »Hallo, ich hab mich verlaufen!«

133

Der Polizist merkt durch das Schulterklopfen, dass er angesprochen wurde, dreht sich um und fragt: »Wie heißt du?«

Das Kind antwortet z. B.: »Michael Kunkel.«

Der Polizist: »Wo wohnst du?«

Kind: »Berlin, Böhmische Straße 6.«

Darauf nimmt der Polizist das Kind bei der Hand und führt es nach Hause, d. h. zur Lücke im Kreis, wo das Kind vorher gestanden hat. Wenn das Kind wieder an seinem Platz steht, geht das Spiel weiter, wobei nun das Kind, das vorher den Polizisten gespielt hat, die Rolle des Hilfe suchenden Kindes übernimmt.

Bevor die Kinder das Spiel zum ersten Mal spielen, üben wir mit ihnen den Spruch (»Oh, wie ist das schlimm«) ein und erklären ihnen den Spielverlauf.

Bei den Kindern, die ihre Adresse noch nicht (oder nur lückenhaft) beherrschen, helfen wir, indem wir an der jeweiligen Stelle vorsprechen und das Kind nachsprechen lassen.

Hinweis:

Es ist wichtig, dass Kinder ihren Namen und ihre Adresse kennen. Alle Eltern sollten dies regelmäßig mit dem Kind üben.

Darüber hinaus können wir noch folgende Vorschläge machen:

Kinder, die ihren Namen und ihre Adresse noch nicht gelernt haben, sollten stets eine Identitätskarte in der Tasche bei sich tragen. Dazu eignen sich in Haushaltsfolie eingeschweißte Kärtchen, ein Medaillon, das um den Hals getragen wird, usw. Diese Maßnahme ist besonders wichtig bei Urlaubsfahrten (Hotelanschrift).

Wenn die Eltern mit den Kindern gemeinsam zum Einkauf, Stadtbummel usw. gehen, machen sie einen besonders markanten Treffpunkt aus, zu dem die Kinder kommen können, wenn sie sich verlaufen haben. Am Treffpunkt sollen die Kinder so lange warten, bis die Eltern sie abholen. Gemeinsam haben sie sich den Treffpunkt vorher angesehen.

Geheimnisvolle Geräusche

Mama schickt Jule in den Keller. Sie soll eine Dose Erbsen holen. Kaum ist sie losgegangen, da kommt sie auch schon wieder in die Küche zurück. Sie ist ganz außer Atem. »Im Keller, im Keller!«, ruft sie aufgeregt.

»Was ist denn im Keller?«, fragt Mama.

»Im Keller! – Also, da hab ich was gehört, und ich hab keinen gesehen. Da hinunter geh ich nicht mehr!«

»Du brauchst doch keine Angst zu haben«, beruhigt Mama. »Bei uns im Keller ist bestimmt niemand.«

»Doch, ich hab ganz deutlich was gehört«, behauptet Jule.

»Da wollen wir doch zusammen mal nachsehen«, schlägt Mama vor.

Sie gehen in den Keller. »Also, ich höre nichts«, sagt Mama.

»Sei doch leise!«, flüstert Jule.

»Ich kann immer noch nichts hören«, sagt Mama ungeduldig.

»Vorhin habe ich aber ganz bestimmt etwas gehört«, sagt Jule. »Da! Hörst du?«

»Pscht! Sei doch mal leise!«, flüstert Mama.

Jetzt hört man es ganz deutlich. Erst macht es tripp, tripp, tripp, dann plong und zum Schluss prrr. Dann ist es wieder still.

»Das könnte eine Maus gewesen sein«, sagt Mama.

Vorsichtig geht sie in die Ecke, aus der das Geräusch kam. Plötzlich huscht eine Maus hinter einem Karton hervor und Mama rennt erschrocken zur Kellertür.

»Aber Mama, das war doch nur eine Maus«, ruft Jule lachend. »Vor einer Maus brauchst du doch keine Angst zu haben.«

Mama beruhigt sich wieder. »Komm, lass uns mal nachgucken, wie die Maus das Geräusch gemacht hat«, schlägt sie vor und geht auf den Karton zu.

»Da, die Einmachgläser«, ruft Jule und fährt mit dem Finger über die Gläser. Tripp, tripp, tripp, klappern die Gläserdeckel.

»Da ist sie drübergelaufen«, bestätigt Mama. »Und dann ist sie ›plong‹ auf den Marmeladeneimer gesprungen.«

»Und vom Eimer aus ist sie auf den Kasten gesprungen und ›prrr‹ heruntergerutscht«, sagt Jule begeistert.

135

»Ja, und dann ist sie auf mich zugelaufen und hat mich furchtbar erschreckt«, sagt Mama lachend.

Wir sollten mit den Kindern über ähnliche Angsterlebnisse sprechen. Dabei erläutern wir ausführlich, dass Angst oft auf einer falschen Auslegung (durch Phantasie) eines tatsächlichen Sinneseindruckes beruht (Geräusch, flackerndes Licht, Gewitter usw.). Geht man der Ursache des Angst auslösenden Sinneseindruckes nach, so zeigt sich meist die Grundlosigkeit der Angst.
Darüber hinaus verdeutlichen wir, dass auch Erwachsene manchmal Angst haben.

Der Schattenschreck

Für das folgende Schattenspiel benötigen wir eine vorbereitete Schattenbühne (Erstellung siehe Seite 39) sowie eine Kiste mit Requisiten, z. B. Schuhe, Kleiderbügel, Bürste, Kamm, Lineal, Handschuh, Brille, Schneebesen, Kochlöffel usw.
Aus diesen Requisiten werden wir im späteren Spiel Phantasiefiguren herstellen, indem wir zwei oder mehr Gegenstände im Schattenbild als *eine* Figur erscheinen lassen.

136

Die Kinder versuchen zu erraten, aus welchen Gegenständen die Angst machende Schattenfigur besteht.

Spielverlauf:

Wir sprechen mit den Kindern über Ängste, die dann entstehen, wenn man im halbdunklen Zimmer Umrisse oder Schatten sieht, für die man nicht gleich eine Erklärung findet. (Vorhang, der sich im Wind bewegt, Tapetenmuster, das nur als Umriss zu erkennen ist, aufgehängte Kleidungsstücke usw.)

Wir erklären, dass das beste Mittel gegen solche Ängste das Andrehen des Zimmerlichtes ist.

Eine andere Möglichkeit besteht darin, genau zu überlegen, was das, vor dem man da Angst hat, wohl in Wirklichkeit sein könnte.

Meist lässt beim Nachdenken über den Ursprung des Schattens die Angst schon nach, da durch diesen Prozess das Geschehene gleich als Sinnestäuschung eingestuft wird.

Ziel des Spiels ist, dieses Verhalten zu trainieren und gleichzeitig zu erfahren, dass man leicht auf Sinnestäuschungen hereinfallen kann.

Und hier der Spielvorschlag:

Wir haben eine Schere so präpariert, dass sie im Schattenriss wie eine Phantasiepuppe aussieht. Das geht mit zwei Knöpfen und etwas Nähgarn. Mit der Scherenpuppe beginnen wir nun eine Art Puppenspiel. Wir führen die Schere so, dass unsere Hand nicht im Schattenbild zu sehen ist. Um ein scharfes Schattenbild zu erhalten, wird die Schere immer dicht vor der Leinwand geführt. Wenn wir als Puppe sprechen, verstellen wir unsere Stimme.

Wir halten uns nicht genau an die Spielvorlage, sondern spielen nur dem Sinn nach.

Schattenspiel:

Die Puppe begrüßt die Kinder und stellt sich als Frau Wackelauge vor. Sie erklärt, dass sie ein bisschen zu mager geworden ist, weil sie in der letzten Zeit zu viele Turnübungen gemacht hat. Sie ist leidenschaftliche Turnerin, obwohl sie bei manchen Turnübungen richtig Angst hat, z. B. vor dem Klettern an der Sprossenwand oder vorm Rückwärtsgehen.

Die Puppe verwickelt die Kinder in ein Gespräch über Angst (die Kinder bleiben dabei an ihrem Platz sitzen).

Anschließend erzählt sie den Kindern spannend, wie sie einmal nachts Angst hatte, als sie aufwachte und jemand an ihr Fenster klopfte.

Sie fragte, wer da klopfe, aber keiner antwortete. Es wurde wieder ganz still, und dann klopfte es plötzlich wieder. Da bekam Frau Wackelauge aber richtig Angst und ging vorsichtig zum Fenster um nachzusehen. Als sie näher zum Fenster kam, konnte sie erkennen, dass das Fenster nicht ganz geschlossen war und vom Wind hin- und herbewegt wurde, genauso wie ihre Augen (wir lassen die Augen besonders heftig wackeln). Ja, und so ein Fenster, das der Wind hin- und herweht, das klappert natürlich. Jetzt wusste sie ja, was da klopfte, und brauchte keine Angst mehr zu haben.

Nun hat Frau Wackelauge so viel geredet, dass sie erst mal etwas turnen muss, sonst wird sie womöglich zu dick, beteuert sie. Sie bittet die Kinder, doch einmal die folgende Turnübung nachzumachen:

»Also, ihr müsst tief Luft holen, die Luft anhalten, und dann teilt ihr euren Kopf in zwei Hälften, ganz einfach so –« (Wir klappen jetzt die Schere auseinander.)

Wahrscheinlich werden die Kinder nun die Schere erkennen und es

138

auch äußern. Sonst wiederholen wir die »Turnübung« noch einmal. Wir halten dabei die Schere etwas höher, sodass auch die Hände im Schattenbild zu sehen sind.

Gegebenenfalls kommen wir jetzt hinter der Puppenbühne hervor und zeigen den Kindern die Scherenpuppe, um auch den weiteren Spielablauf zu erklären. Wir können die Aufgabenstellung aber auch von Frau Wackelauge erklären lassen.

Wir zeigen den Kindern jetzt verschiedene Schattenbilder, die sie erraten sollen. Wir versuchen, die Schatten möglichst verfremdet aussehen zu lassen. Das erreichen wir, indem wir entweder zwei oder drei Gegenstände aus unserer Requisitenkiste gleichzeitig in einem Schattenbild erscheinen lassen oder aber einen Gegenstand so verdreht gegen das Licht halten, dass sein Schattenbild schwer zu erkennen ist.

Während wir das Schattenbild zeigen, sprechen wir:

> *Griesel, grusel, Kinderschreck,*
> *erkennst du mich, bin ich gleich weg!*

Die Kinder versuchen jetzt zu erraten, woraus wir das Schattenbild entstehen ließen.

Wir versuchen, möglichst phantasievoll aussehende Schattenbilder zu zeigen:

Ein Handschuh kann wie ein Kopf im Profil aussehen.

Zwei Pantoffeln, die auf- und zuklappen und zwischen die ein Stielkamm geklemmt ist, sehen aus wie ein Riesenmaul.

Zwei Hände bilden einen fliegenden Vogel usw.

Nach einigen Rateversuchen enttarnen wir den Schattenschreck, führen die Gegenstände an der Leinwand entlang, durch den Schlitz im Deckel der Schattenspielbühne hindurch und zeigen sie so den Kindern.

Nachdem die Kinder den Spielverlauf kennen, übernimmt nun immer eins von ihnen das »Komponieren« der Phantasiefiguren und spricht den Vers dazu. Alle anderen Kinder versuchen, die Gegenstände zu erraten.

Gehen im Dunkeln

 Ziel der nun folgenden Übung ist es, Kindern eine praktische Hilfe zu geben, falls sie sich einmal im Dunkeln zurechtfinden müssen, und sei es auch nur, um den Lichtschalter zu ertasten.

Die Kinder lernen, sich im Dunkeln sicherer und damit angstfreier zu bewegen.

Spielverlauf:

Wir besprechen mit den Kindern, dass es immer mal vorkommen kann, dass man sich im Dunkeln zurechtfinden muss, z. B. wenn man nachts den Lichtschalter sucht. Dann schlagen wir den Kindern dazu ein Spiel vor.

An der Längsseite der Wand haben wir im Abstand von ca. 1,50 m eine Kreidelinie gezogen.

Die Kinder stellen sich nebeneinander hinter die Linie, mit dem Gesicht zur Wand. Auf unser Zeichen schließen alle die Augen und gehen mit ausgestreckten Armen vorsichtig auf die Wand zu, bis ihre Fingerspitzen die Wand berühren. In kleinen Intervallen vergrößern wir jetzt den Abstand zur Wand bis auf ca. 3 bis 4 m. Bei diesem Abstand üben wir mehrere Male wie zuvor mit allen Kindern gleichzeitig.

Dann versuchen die Kinder nacheinander, den Weg allein zurückzulegen. Gegebenenfalls wird der Anfangsabstand zur Wand wieder kleiner gewählt. Wie bei den ersten Versuchen wird auch hier der Abstand immer erst dann vergrößert, wenn die Wegstrecke sicher und angstfrei bewältigt wird.

Dadurch, dass die Kinder freiwillig die Augen schließen, können wir leicht erkennen, ob ein Kind ängstlich ist, weil es dann kurz blinzeln wird.

Die letzte Stufe der Übung ist erreicht, wenn die Kinder sich angstfrei mit verbundenen Augen einige Meter bis zur Wand bewegen.

DER ELEFANT
AUF DEM STUHL

Da alle in diesem Kapitel angebotenen Übungen und Spiele auf dem Thema »Tiere« und »Zoo« aufbauen, wäre es ideal, wenn wir mit den Kindern wirklich einen Zoobesuch machen könnten. Dies ist aber nicht unbedingt Voraussetzung.

In der folgenden Vorlesegeschichte sind einzelne Wörter besonders hervorgehoben. Diese Hervorhebungen sind beim ersten Vorlesen der Geschichte ohne Bedeutung, sie beziehen sich auf eines der Gespräche nach dem Vorlesen (Seite 143).

Der Zoobesuch

Jule macht mit ihrer Schulklasse einen Ausflug in den Zoo. Gleich hinter dem Eingangstor sehen alle schon von weitem die ersten Tiere.

Hinter einer kleinen Mauer stehen drei Elefanten *nebeneinander*. Die Elefanten stecken ihre Rüssel *über* die Mauer.

»Sieh mal da drüben, *neben* den Elefanten sind die Bären!«, ruft Jule ihrem Freund zu.

Die Kinder gehen an den Elefanten vorbei zum Bärenkäfig. »Vorsicht bei den Bären!«, warnt die Lehrerin. »Geht nicht zu nah an den Käfig, sonst beißen sie euch!«

»Aber die sind doch *hinter* dem Gitter!«, sagt Jule.

»Es ist trotzdem gefährlich. Die Bären können ihre Schnauzen *durch* das Gitter stecken«, erklärt die Lehrerin.

Aber die beiden Bären beachten die Kinder gar nicht. Sie gehen in ihrem Käfig immer nur *hin und her*.

»Die Bären haben bestimmt Langeweile«, sagt ein Kind.

»Ist ja auch langweilig, wenn man eingesperrt ist und nicht *raus*darf«, fügt Jule hinzu.

»Die zwei Bären machen ja immer nur dasselbe«, sagt Jules Freund. »Lass uns weitergehen!«

Jule rennt voraus. Vor dem nächsten Käfig bleibt sie stehen. Ihr Freund läuft *hinter* ihr her. »*Im* Käfig sitzt ein Affe, der sich krault«, sagt Jule.

»Die anderen Affen sind alle *oben* auf dem Baum«, sagt Jules Freund. »Ganz viele.« Er zählt die Affen. »Eins, zwei, drei, vier, fünf, sechs, toll! Sechs Affen *in* einem Käfig!«, ruft er begeistert.

Jule will die Affen auch zählen. Aber die Affen hüpfen wild durcheinander und klettern an den Gitterstangen *hinauf und herunter*. »Ich glaub, die spielen Fangen«, sagt Jule.

»Ich möchte auch so schnell auf einen Baum *hinauf- und herunter*klettern können«, sagt Jules Freund. »Dann könnte mich keiner fangen.«

»Sieh mal die zwei Affen *unter* dem Baum«, ruft Jule, »die haben Stöckchen und malen im Sand.«

»Ich glaube, die Affen haben keine Langeweile. Dabei dürfen sie nicht *aus* ihrem Käfig«, sagt ihr Freund.

»Die sitzen ja auch nicht doof rum, sondern spielen was«, meint Jule dazu.

Auf dem Heimweg redet Jule mit ihrem Freund noch einmal über den Zoo.

»Wenn ich nicht aus meinem Zimmer dürfte, würde ich es nicht so machen wie die Bären, die immer nur langweilig *hin-* und *her*laufen«, meint sie.

»Wie denn dann?«, fragt ihr Freund.

»Wie die Affen!«, antwortet Jule.

»Du meinst, du würdest dich am Po kratzen?«, fragt ihr Freund lachend.

»Nein! Ich würde malen oder mit meiner Puppe spielen oder irgendwas tun, aber mich nicht langweilen.«

Da Kinder kein sicheres Zeitgefühl haben, kommt es häufig vor, dass sie in Wartesituationen die Dauer der Wartezeit nicht einschätzen können (auf das Mittagessen warten; warten, dass die Eltern vom Einkauf zurückkommen; usw.). Sie sitzen untätig herum in der Hoffnung, dass das Ende der Wartezeit unmittelbar bevorsteht. Ihre einzige Beschäftigung ist das Warten an sich.

Auch Kinder, die von ihren Eltern ins Kinderzimmer geschickt werden, weil die Eltern ihre Ruhe haben wollen, beschäftigen sich häufig nicht selbstständig, sondern warten tatenlos, bis die Eltern sich ihnen wieder zuwenden. Viele Kinder haben es noch nicht gelernt, das Alleinsein aktiv zu gestalten.

In der Vorlesegeschichte geht es um die gleiche Problematik (eingesperrte Bären – Langeweile; eingesperrte Affen – Aktivität). Wir arbeiten nun diese Grundgedanken noch einmal heraus und übertragen die Zoogeschichte auf die Erfahrungswelt der Kinder. Wir fragen die Kinder, ob sie auch schon einmal ähnliche Erfahrungen des Alleinseins, Wartens, Abgeschobenseins und der Langeweile gemacht haben (Hausarrest, Warten beim Zahnarzt, Krankheit usw.).

Nachdem alle von ihren Erfahrungen berichtet haben, überlegen wir gemeinsam, womit man sich in einem solchen Fall beschäftigen könnte.

Das wichtigste Ziel ist es, den Kindern zu vermitteln, dass es in einer solchen Situation sinnvoll ist, nicht untätig zu sein.

Abzählverse

Hab ich einmal Langeweile
und ich sitz allein zu Haus,
fang ich einfach an zu spielen –
Langeweile, du bist raus.

Ich sitze hier allein zu Haus –
Langeweile, du musst raus!

In der Vorlesegeschichte »Der Zoobesuch« ist neben dem bereits erwähnten Thema »Langeweile« noch ein Sachthema enthalten: Bewegungen im Raum/Begriffsbestimmungen des Ortes.

Für dieses neue Thema sollten wir den Kindern die Geschichte noch einmal vorlesen und dabei die kursiv gedruckten Begriffe hervorheben. Danach bieten sich die folgenden Spiele an.

Das Käfigspiel

Die Kinder spielen abwechselnd einmal Bären und einmal Affen. Zunächst bauen sie sich einen rechteckigen Käfig aus Stühlen. Die Stühle sind so nebeneinander gestellt, dass die Rückenlehnen nach außen zeigen (Käfiggitter).
Jedes Kind braucht einen Gitterstuhl.
Wir haben den Kindern zwei Verse beigebracht, der erste Vers ist der Bärenvers:

Der Bär, der Bär geht hin und her,
geht hin und her.

Der zweite Vers ist der Affenvers:

Alle Affen klettern munter
einmal rauf und einmal runter.

144

Spielverlauf:

Die Kinder sprechen den Vers und spielen dabei:

Der Bär, der Bär geht hin und her,

geht hin (dabei gehen die Kinder von einer Käfigseite zur anderen. Wenn alle angekommen sind, sprechen sie weiter)

und her (jetzt gehen alle zurück, und der Spruch beginnt von neuem).

Der Bär, der Bär geht …

Der Affenvers wird wie folgt gespielt:

Alle Affen klettern munter

einmal rauf (jetzt klettern alle Kinder auf die Stühle. Wenn alle auf ihrem Stuhl stehen, sprechen sie weiter)

und einmal runter (jetzt steigen alle wieder vom Stuhl und der Spruch beginnt von neuem).

Alle Affen klettern …

Wenn die Kinder die Verse und das Spiel kennen, spielen sie abwechselnd zweimal den Bärenvers und zweimal den Affenvers. Dann wieder den Bärenvers …

Der Elefantenmarsch

An der Längsseite des Raumes stehen die Kinder mit dem Rücken zur Wand nebeneinander in der Reihe. Wir stehen den Kindern gegenüber und zeigen ihnen, wie man pantomimisch einen Elefanten spielen kann.

Dazu berührt unsere linke Handfläche die rechte Schulter, den rechten Arm stecken wir nach vorn durch dieses Dreieck, das unser linker Arm bildet. Wir neigen den Oberkörper leicht nach vorn und lassen unseren rechten Arm locker wie einen Elefantenrüssel hin- und herpendeln.

Die Kinder versuchen jetzt ebenfalls, Elefanten zu spielen. Wir helfen ihnen, bis alle ihre Elefantenrüssel richtig pendeln lassen können.

Dann sprechen wir mehrmals vor:

Der Elefant mit viel Geschick
geht drei Schritt vor und zwei zurück.

Dabei lassen wir unseren Arm (Rüssel) metrisch hin- und herpendeln. Die Kinder lassen jetzt ebenfalls ihre Arme wie Rüssel pendeln und sprechen den Vers mit uns zusammen.

Nun reihen wir uns in die Reihe der Kinder ein und zeigen ihnen, wie der Elefant geht. Wir sprechen:

Ein Schritt vor,
zwei Schritt vor,
drei Schritt vor.

Während des Wortes »vor« gehen wir jedes Mal einen Schritt weiter vor. Dann halten wir kurz inne und sagen:

Ein Schritt zurück,
zwei Schritt zurück.

Bei jedem »zurück« gehen wir einen Schritt zurück.

Anschließend erklären wir, was wir gemacht haben, und führen es noch ein paar Mal vor. Dann versuchen wir es mit allen Kindern gemeinsam.

Wenn alle Kinder das »geschickte Gehen« des Elefanten verstanden haben, kann das Spiel beginnen.

Spielverlauf:
Die Kinder stehen an der Längsseite des Raumes, mit dem Rücken zur Wand, in einer Reihe nebeneinander. Wir stehen an der gegenüberliegenden Wand.

Alle sprechen gemeinsam den Elefantenvers *(Der Elefant ...)* und gehen dann in der beschriebenen Art und Weise drei Schritt vor und zwei zurück.

Die Kinder stehen jetzt in einer neuen Ausgangsposition nebeneinander, einen Schritt von der Rückwand entfernt. Nun folgt wieder der Vers und alle gehen wie vorher bis zur neuen Ausgangsposition (zwei Schritt vor der Wand).

So setzt sich das Spiel fort, bis die Kinder die gegenüberliegende Wand erreicht haben.

Damit die Kinder die Worte »vor« und »zurück« mit der entsprechenden Bewegung im Raum gedanklich verknüpfen, ist es wichtig, dass die Kinder die Einheit von Sprechen und Gehen genau einhalten.

Drinnen – draußen

Vor dem Gitter steht ein Kind,
das schaut in einen Käfig rein
und sagt zum Affen, der dort sitzt:
Wie kann man nur so komisch sein!

Hinterm Gitter sitzt ein Affe,
der schaut aus seinem Käfig raus,
er guckt sich diesen Menschen an
und denkt: Mensch, siehst du komisch aus!

Tierfütterung

Wir bauen aus sechs Tischen einen Hindernisparcours auf, wobei jeweils zwei Tische ein Hindernis bilden. Die drei Hindernisse werden mit möglichst großem Abstand hintereinander aufgestellt. Ein Kind stellt im Spiel den Wärter dar, der die Tiere füttert. Die anderen Kinder sind die hungrigen Tiere.

Bei Spielbeginn stehen sich der Wärter und die Tiere an den Stirnseiten des Raumes gegenüber. Zwischen ihnen stehen die Hindernisse.

Nun entwickelt sich ein Frage- und Antwortspiel, dessen Regeln wir den Kindern vermitteln.

Der Wärter ruft: Alle Tiere her zu mir!

Die Tiere fragen: Wie kommen wir denn hin zu dir?

Der Wärter ruft: Unter den Tischen durch!

(Jetzt kriechen alle Kinder unter der ersten Tischreihe hindurch und warten auf die neue Anweisung des Wärters.)

Wärter: Alle Tiere her zu mir!

Tiere: Wie kommen wir denn hin zu dir?

Wärter: Über die Tische hinweg!
(Jetzt klettern alle Kinder über die nächste Tischreihe usw.)
Wenn die Tiere das dritte Hindernis überwunden haben, werden sie vom Wärter gefüttert. Ein anderes Kind geht jetzt auf die gegenüberliegende Seite und übernimmt die Rolle des Wärters. Die Anweisungen des Wärters sollten nicht unbedingt abwechselnd »unter« oder »über« lauten, damit die Kinder auch wirklich zuhören.

Vor Spielbeginn erklären wir den Kindern die Begriffe »unter« und »über« den Tisch und demonstrieren sie anhand der Hindernisse. Im ersten Spieldurchgang können wir selbst die Rolle des Wärters übernehmen und die Kinder bei ihren Antworten unterstützen.

Die Kinder können das Spiel auch weiter ausschmücken, indem sie auf allen vieren kriechen und Tierlaute ausstoßen.

Die dummen Enten

Grundlage für das Spiel ist folgender Enten-Endlosvers:

Jetzt fällt mir ganz was Neues ein:
Jetzt spring ich in den Teich hinein,
spring ich in den Teich hinein!
Drinnen schwimm ich, gar nicht dumm,
immer nur im Kreis herum,
immer nur im Kreis herum!
Jetzt denk ich mir was Neues aus:
Jetzt spring ich aus dem Teich hinaus,
spring ich aus dem Teich hinaus!
Draußen geh ich, gar nicht dumm,
immer um den Teich herum,
immer um den Teich herum!
Jetzt fällt mir ganz was Neues ein:
Jetzt spring ich …

148

Wir haben einen großen Kreis (Teich) auf den Boden gezeichnet, die Kinder spielen die Enten.

Die Enten stellen sich hintereinander an der Außenlinie des Kreises auf und folgen den Anweisungen des Endlosverses, den wir vortragen.

Bei der Zeile *…spring ich in den Teich hinein* hüpfen die Enten über die Linie in den Teich und haben damit einen kleineren Kreis gebildet, der sich (während wir weitersprechen) in Bewegung setzt. Die Kinder gehen hintereinander an der Innenseite der Kreislinie entlang.

Alles Weitere ergibt sich aus den Anweisungen des Verses, wobei wichtig ist, dass die Kinder die Wiederholungszeilen mitsprechen.

Als nächster räumlicher Zuordnungsbegriff soll nun der Begriff »zwischen« vermittelt werden. Aus diesem Grund bieten wir mehrere bildnerische Übungsspiele an. Sie können, über einen längeren Zeitraum verteilt, immer wieder einmal auftauchen.

Gitterstäbe

Als Einstieg bitten wir zwei Kinder, sich in etwa 1,50 m Abstand voneinander aufzustellen. Wir erklären, die beiden Kinder seien die Gitterstäbe eines Affenhauses. Ein drittes Kind spielt ein Äffchen, das versucht, ob es zwischen den beiden durchkommt.

Nachdem das Äffchen leicht durch die Gitterstäbe gekommen ist, erklären wir, dass man wohl noch einen dritten Gitterstab braucht, und wählen dafür ein Kind aus.

Wir fragen die Kinder, wo der Gitterstab hingesetzt werden muss. Antworten die Kinder »neben die Gitterstäbe«, so setzen wir ihn außen neben die Gitterstäbe und zeigen, dass dadurch die Lücke ja nicht enger wird. Erst wenn die Kinder sagen »zwischen die zwei Stäbe«, stellt sich das dritte Kind dazwischen.

Da sich das Äffchen jetzt aber immer noch durch die Stäbe drängen kann, werden zwei weitere Kinder gebeten, Gitterstäbe zu spielen. Die Kinder müssen genau beschreiben, wo sich die Stäbe hinstellen sollen: »Zwischen Gabi und Ulli, zwischen Axel und Linde ...«

Es werden so lange Gitterstäbe zwischen bereits vorhandene gestellt, bis das Äffchen nicht mehr zwischen den Stäben durchschlüpfen und höchstens seinen Arm zwischen die Stäbe stecken kann.

Jetzt wird das Spiel in eine bildnerische Übung übersetzt.

Die Kinder schneiden aus Buntpapier lange Streifen (möglichst gummiertes Papier verwenden, das die Kinder nur mit einem Schwämmchen oder nassen Tuch anfeuchten müssen).

Die beiden ersten Kinder setzen ihre Streifen (Gitterstäbe) ganz außen auf ein größeres Blatt. Das nächste Kind klebt seinen Streifen dazwischen, dann werden Streifen zwischen die drei vorhandenen gesetzt usw. Bedingung dabei ist, dass die Streifen nie übereinander geklebt werden und zwischen ihnen immer noch das weiße Papier des Untergrunds zu sehen ist. Gegen Ende der Aufgabe werden die Kinder ihre Streifen immer schmaler schneiden müssen, weil breitere Streifen nicht mehr zwischen die bereits aufgeklebten passen würden.

So entsteht schließlich eine dichte Reihung, die durch die unterschiedlichen Farben und Stärken der Streifen sehr lebendig wirkt.

Da sich die Reihung am besten eignet, um Dinge »zwischen« andere zu setzen, könnten sich einige Arbeiten anschließen, bei denen die Kinder auf schmalen, langen Papierstreifen Reihungen bilden:

Vogeleier

Grundmaterial sind einige ovale Kartoffeln von unterschiedlicher Größe. Die Kartoffeln werden von uns glatt durchgeschnitten. Die Kinder streichen die Kartoffelhälften mit Farbe ein und drucken damit zunächst auf einem Probeblatt. Wahrscheinlich werden die Kinder selbst sagen, dass die so entstehenden Formen an Ostereier oder Eier erinnern.

Die Kinder beginnen mit recht großen Kartoffelhälften. An den beiden Enden liegt nun je ein Straußenei; zwischen die zwei Straußeneier legt eine Straußenmutter ein neues Ei. In die so entstandenen Zwischenräume werden Gänseeier, Taubeneier und schließlich, wenn die Lücken sehr klein geworden sind, Spatzeneier gesetzt. (Auch Korken können Druckstempel sein.)

Ein Zoo wird gebaut

Diesmal werden aus den Kartoffeln quadratische und Dreieckformen ausgeschnitten. In die quadratische Form werden parallele Kerben eingeschnitten, die beim späteren Drucken als weiße Linien erscheinen.

Aus den beiden Formen bilden die Kinder ein Tierhaus, indem sie erst die quadratische Form drucken (Linien – Gitterstäbe) und das Dreieck oben als Dach aufsetzen.

Der Weg der Elefanten

Zwei dicke Filzstifte (Marker) werden nebeneinander über das Blatt geführt, sodass zwei dicke, parallele Linien entstehen. Wir können zu diesem Zweck die Filzstifte mit Klebeband aneinander befestigen, damit die Kinder beide Stifte mit einer Hand gleichzeitig führen können.

Zwischen die beiden dicken Linien soll nun in einer anderen Farbe eine dünne Filzstiftlinie geführt werden. (Gleichzeitig Schulung der Feinmotorik.)

Wir führen die Aufgabe bei den Kindern folgendermaßen ein: Zwischen dem Elefantenhaus und dem Elefantenfreigehege verläuft ein Weg, der von Mauern begrenzt ist, damit die Elefanten nicht weglaufen können (Mauern – dicke Linien).

Nun zeichnen (oder drucken) die Kinder an den linken Rand ihres Blattes das Elefantenhaus und an den rechten Rand ein Viereck, das Freigehege. Ein Maurerlehrling, der noch nicht gerade mauern kann, mauert nun die beiden Mauern vom Haus zum Gehege. Die Kinder dürfen zeigen, wie krumm der Lehrling gemauert hat, indem sie Bögen und Schwünge fahren, bis sie beim Viereck angekommen sind. (Aber keine Überschneidungen!)

Haben alle Kinder den mauerbegrenzten Weg von Blattrand zu Blattrand gezogen, malen sie nun mit einem dünnen, andersfarbigen Filzstift den Marsch der Elefanten vom Haus zum Gehege, indem sie zwischen den dicken Mauern von einer Seite zur anderen fahren.

Der Elefant auf dem Stuhl

Wir erzählen den Kindern von einem dicken, großen Elefanten, der so schwer ist, dass jeder Stuhl zusammenkracht, auf den er sich setzt. Deshalb schaut er sich jeden Stuhl erst ganz genau von allen Seiten an, bevor er sich darauf setzt.

Spielverlauf:

Die Stühle stehen hintereinander in einem großen Kreis mit einem Mindestabstand von 1,50 m. Vor jedem Stuhl steht ein Kind. Die Kinder spielen die Elefanten. Dem Spiel ist ein sich immer wiederholender Vers zugeordnet:

> *Ich seh mir diesen Stuhl mal an,*
> *ob der Stuhl mich tragen kann:*
> *Ich stell mich vor den Stuhl,*
> *dann hinter den Stuhl,*
> *dann neben den Stuhl,*
> *dann setze ich mich auf den Stuhl –*
> *doch plötzlich: Rumms, er kracht!*
> *Ich find bestimmt 'nen neuen Stuhl,*
> *das wäre doch gelacht!*

Wir folgen den im Vers enthaltenen Anweisungen. Wir stellen uns entsprechend vor, hinter und neben den Stuhl. Dabei achten wir darauf, dass die Einheit von gesprochenem Wort und räumlicher Zuordnung deutlich wird. Wir bleiben nach jedem Positionswechsel einen Moment an der angegebenen Stelle stehen und sagen die dazugehörige Zeile.

An der Textstelle »Rumms« machen später die Kinder zusätzlich möglichst viel Lärm und lassen sich vom Stuhl fallen.

Wenn die Kinder den Spielverlauf kennen, beginnen sie das Spiel. Weil sich der Elefant immer einen neuen Stuhl suchen muss, bewegen sich die Kinder im Kreis von Stuhl zu Stuhl.

Es ist nicht unbedingt notwendig, dass alle Kinder den Spruch vollständig mitsprechen können, zwingend ist aber, dass die Kinder die Ortsbestimmungen selbst sprechen, z. B.: Wir stellen uns vor den Stuhl und sprechen: »Ich stell mich« – lange Pause, in der alle »vor den Stuhl« sagen, usw.

Zungenbrecher

Zwischen zwei Zwiebeln
zischen zwei Schlangen.

Der vornehme Pinguin

Wir brauchen einen Eimer und einen Stuhl, außerdem für jedes Kind einen Fisch (gemalt, gebastelt, Plüschtier o. Ä.).

Wir erklären den Kindern, dass sie nacheinander den Tierpfleger spielen dürfen, der dem Pinguin Fische bringt.

Der Pinguin ist sehr vornehm, was man ihm ja auch ansieht (schwarzer Frack, sehr aufrechte Haltung, steifer Gang). Der Pinguin möchte nicht nur einen Fisch, sondern mehrere. Als eleganter Pinguin sagt er außerdem dem Tierpfleger ganz genau, wo er die Fische serviert bekommen möchte. Der Tierpfleger tut dem Tier den Gefallen und folgt den Anweisungen des Pinguins.

Das Spiel ist ein Frage- und Antwortspiel.

Spielverlauf:

An der Stirnwand des Raumes stehen die Kinder in einer Reihe nebeneinander mit dem Rücken zur Wand.

Jedes Kind hält seinen Fisch in der Hand. Vor den Kindern steht ein Stuhl, daneben ist ein Eimer aufgestellt. An der gegenüberliegenden Wand steht ein einzelnes Kind (Pinguin).

Nun tritt ein Kind aus der Reihe und eröffnet das Spiel.

154

```
Tierpfleger:  Guten Tag, Herr Pinguin,
              wo leg ich Ihren Fisch jetzt hin?
Pinguin:      Unter den Stuhl!
Tierpfleger:  Wie Sie wünschen:
              Unter den Stuhl!
```

Während das Pflegerkind »unter den Stuhl« sagt, legt es den Fisch an den genannten Ort. Es ist wichtig, dass Sprechen und Ausführen gleichzeitig erfolgen, damit die sprachliche Zuordnung vom Kind besser behalten wird.

Wenn das Kind dem Wunsch des Pinguins richtig entsprochen hat, antwortet dieser:

```
Pinguin:      Vielen Dank, Herr Tierpfleger!
```

Falls der Fisch an der falschen Stelle liegt, sagt der Pinguin:

```
Pinguin:      Nein, da liegt der Fisch falsch!
              Nicht neben (vor, hinter) den Stuhl,
              sondern unter den Stuhl, bitte.
Tierpfleger:  Wie Sie wünschen:
              Unter den Stuhl!
Pinguin:      Vielen Dank, Herr Tierpfleger!
```

Das Pflegerkind geht jetzt in die Reihe zurück und ein anderes Kind bringt dem Pinguin auf die gleiche Weise seinen Fisch. Nach diesem Muster wird weitergespielt, bis alle Kinder ihre Fische abgelegt haben. Dabei werden möglichst alle Zuordnungswörter ausgenutzt: in den Eimer, neben den Stuhl, zwischen Stuhl und Eimer usw.

Gegebenenfalls unterstützen wir den Pinguin, indem wir ihm erklären, dass es nicht vornehm ist, wenn alle Fische auf einem Haufen liegen, sondern dass bei feinen Pinguinen die Fische besser verteilt werden.

Wenn die Tierpfleger alle Fische abgelegt haben, geht das Spiel weiter:

Tierpfleger: Der Tisch ist fertig, Essenszeit!
                    Alle Fische sind bereit!
Pinguin: Dann wollen wir zählen, ob es genug sind.

Alle zählen jetzt gemeinsam die Fische, wobei der Pinguin die Fische nacheinander wegnimmt.

Da die Kinder wahrscheinlich noch nicht so weit zählen können (und um gleichzeitig die räumliche Zuordnung noch einmal zu üben), zählen sie nicht alle Fische, sondern nur die Teilmengen nach folgendem Muster.

Auf dem Stuhl liegen Fische: eins, zwei, drei …
Unter dem Stuhl liegen Fische: eins, zwei, drei …
In dem Eimer liegen Fische: eins …

Wenn alle Fische gezählt sind, beginnt das Spiel von vorn. Ein anderes Kind spielt jetzt den Pinguin.

Ein schöner Sonntag

Es ist Sonntag. Flunkermutter und der kleine Flunker sitzen auf dem Frühstückstisch und frühstücken.

»Wo bleibt denn Vater?«, will Flunker wissen.

»Der steht immer noch über der Dusche«, sagt Flunkermutter. Sie nimmt die Kaffeekanne und gießt sich Kaffee aus ihrer Tasse. Dann schüttet sie Zucker neben ihre Tasse und rührt gut um.

Flunker streicht sich Butter und Marmelade hinter sein Brot und legt das Marmeladenbrot unter den Teller.

Flunkervater kommt und setzt sich auch unter den Tisch. »Wo ist denn die Butter?«, will er wissen.

»Die Butterdose steht dort in der Kaffeekanne«, zeigt Flunkermutter. Sie stellt die Butterdose zwischen seinen Teller.

»Heute machen wir einen schönen Ausflug«, sagt Flunkervater. »Wir fahren mit dem Auto unter den Wald!«

Flunker ist begeistert. »Dann musst du aber das Fernglas mitnehmen«, sagt er. »Ich schau so gerne unter das Fernglas.«

Gleich nach dem Frühstück setzen sich alle neben das Auto und fahren los. Flunkervater sitzt vorn. Er hat sich den Tirolerhut zwischen den Kopf gesetzt.

Flunkermutter und Flunker sitzen oben. »Das wird bestimmt ein ganz, ganz schöner Ausflug!«, flüstert Flunkermutter dem kleinen Flunker durchs Ohr.

Fünf Affen brechen aus

Durch ein Loch im Affenhaus
brechen alle Affen aus:
Eins, zwei, drei, vier, fünf!
Da fängt der Wärter an zu schrein
und fängt sie alle wieder ein:
Eins, zwei, drei, vier, fünf!

Das Fingerspiel beginnt bei geschlossener Faust.
Beim ersten Zählen werden nacheinander die fünf Finger ausgestreckt. Wenn im Text der Wärter erscheint, werden beide Hände auf gleiche Höhe gebracht.
Das Einfangen wird dargestellt, indem die zweite Hand während des Zählens einen Finger nach dem anderen ergreift und nach unten umbiegt, bis die Faust wieder geschlossen ist.

Vor dem folgenden Spiel haben wir mit den Kindern das Zählen von eins bis zehn geübt. Im Spiel wird das Gelernte vertieft.

Der zählende Affe

Während wir das Lied von Seite 158 mit den Kindern einüben, klatschen wir metrisch auf ein Viertel und wechseln dazu das Standbein. Die Kinder machen es ebenso.
Wenn die Kinder das Lied singen können, erklären wir ihnen das Spiel.

Eins, zwei, drei und vier, Af - fe, tanz, wir hel - fen dir! Fünf, sechs, sie - ben, acht, pass gut auf, so wird's ge - macht. Neun, zehn, tan - ze schön, der Af - fe zählt von eins bis zehn. 1 - 2 - 3 - 4 – ... 10

Spielverlauf:

Die Kinder fassen sich bei den Händen, bilden einen Kreis und singen. Dem Lied ist folgender Bewegungsablauf zugeordnet:

Bei der ersten Zeile gehen alle auf jeden Viertelschlag einen Schritt weiter nach links. Die vier Viertel der zweiten Zeile werden auf der Stelle getreten.

Während der dritten Zeile gehen alle wieder vier Schritte weiter, in der nächsten wird wieder auf der Stelle getreten und so weiter bis zur letzten Zeile. Wenn im Text gezählt wird, bewegt sich der Kreis also immer weiter.

Nach der letzten Zeile folgt nun ein Zwischenteil, bei dem alle gemeinsam langsam von eins bis zehn zählen. Die Bewegung dazu wird aber jetzt nicht von allen synchron ausgeführt, die Kinder bewegen sich nacheinander.

Beim gemeinsamen, langsamen Zählen geht bei der »Eins« ein

Kind kurz in die Hocke und richtet sich gleich wieder auf, bei der Zahl »Zwei« geht das linke Nachbarkind kurz in die Hocke, bei »Drei« das nächste Kind usw. Wenn die Kinder bis zehn gezählt haben, sind also zehn Kinder im Uhrzeigersinn nacheinander in die Hocke gegangen.

Nun beginnt das Lied von vorn und der Kreis setzt sich mit der ersten Zeile wieder in Bewegung, bis das Lied durchgesungen ist. Beim gesprochenen Zwischenteil, in dem bis zehn gezählt wird, beginnt diesmal ein anderes Kind auf die »Eins« in die Hocke zu gehen.

Wenn die Kinder es sich merken können, beginnt diesmal das Kind, das eigentlich die Nummer Elf gewesen wäre.

Der Affentanz

Hauptzweck der Übung von Seite 160/161 ist körpertechnisches Training, wobei gleichzeitig aber auch das Zählen geübt wird.

Es gibt einen »Ausrufer« (wir), der den sich bewegenden Kindern sagt (beziehungsweise: singt), auf welche Art sie sich bewegen sollen.

2. Strophe
Die Affen hopsen
kreuz und quer ...
Hops 1, hops 2, hops 3 ...
Refrain ...

3. Strophe
Der Kopf, der wackelt
hin und her ...
Wackel 1, wackel 2, wackel 3 ...
Refrain ...

4. Strophe
Rückwärts gehen,
das ist fein...
Schritt 1, Schritt 2, Schritt 3 ...
Refrain ...

5. Strophe
Der Affe stampft laut
durch den Raum...
Stampf 1, stampf 2, stampf 3 ...
Refrain ...

6. Strophe
Jetzt schleicht er leis,
man hört ihn kaum...
Schleich 1, schleich 2,
schleich 3 ...
Refrain ...

Refrain

Jetzt al - le Af - fen her zu mir, den
Af - fen-tanz, den tan - zen wir.

1. Strophe

1. Der Af - fe hüpft auf ei - nem Bein, der
Af - fe hüpft auf ei - nem Bein.

Spielverlauf:
Wir eröffnen den »Affentanz« mit dem Vers

Jetzt alle Affen her zu mir;
den Affentanz, den tanzen wir!

Wir wiederholen die Zeilen, bis alle Kinder bei uns sind. Diese Zeilen tauchen als eine Art Refrain in der Übung immer wieder auf. Sie werden stets in einer Art Singsang gesungen, genauso wie die Bewegungsanweisungen. Der Singsang wird durch rhythmisches Klatschen unterstützt.

Die Übung setzt sich aus drei immer wiederkehrenden Teilen zusammen. Der erste Teil ist der schon beschriebene Einladungs-Singsang, mit dem wir die Kinder immer wieder zu uns rufen. Er wird wiederholt, bis alle bei uns stehen und auf die neue Bewegungsanweisung warten. Nun schließt sich nahtlos die Anweisung an:

Der Affe hüpft auf einem Bein,
der Affe hüpft auf einem Bein.

Darauf folgt gleich ein dritter Teil, bei dem wir laut und langsam von eins bis zehn zählen. Auf jede Zahl bewegen sich die Kinder auf die angegebene Weise im Raum. Wir hüpfen mit und sprechen laut:

Hüpf 1, Hüpf 2, Hüpf 3 ... Hüpf 10.

Neu begonnen wird jetzt wieder mit dem ersten Refrainteil, indem wir die Kinder zu uns rufen. Anschließend folgt die nächste Bewegungsanweisung, nach der wieder von eins bis zehn gezählt wird.

WINTER

Die Jahreszeit

Der verschwundene Schneemann

Jan und Jule schauen morgens aus dem Fenster. Draußen ist alles weiß. Es hat die ganze Nacht geschneit.

»Toll! Gleich nach dem Frühstück bauen wir einen Schneemann!«, ruft Jan begeistert.

Sie ziehen sich ganz warme Sachen an und gehen in die Küche.

»Wieso sitzt ihr mit Mantel und Mütze am Frühstückstisch?«, fragt Mama verblüfft.

»Weil es draußen schneit«, sagt Jule.

»Aber hier im Haus ist es warm. Da braucht man doch keine warmen Sachen. Zieht die Mäntel wieder aus, sonst friert ihr dann draußen!«, sagt Mama.

Gleich nach dem Frühstück ziehen Jan und Jule sich wieder warm an und gehen raus. Vor ihrer Haustür finden sie eine Katze, die am ganzen Leib zittert. »Ob die wohl krank ist?«, fragt Jan.

»Am besten, wir holen Mama und fragen sie«, schlägt Jule vor.

Als Mama die Katze sieht, weiß sie gleich Bescheid. »Das arme Tier zittert vor Kälte«, sagt sie. »Bringt die Katze ins Haus, damit sie sich aufwärmen kann! Aber bitte nicht in die Wohnung, sondern in den Heizungskeller!«

Im warmen Heizungskeller fühlt sich die Katze sofort wohler und hört auf zu zittern.

»Ich glaub, jetzt hat sie sich aufgewärmt. Wir lassen sie wieder raus, damit sie nach Hause laufen kann. Und wir gehen endlich spielen«, sagt Jule.

Draußen bauen Jan und Jule einen kleinen Schneemann.

»Dem fehlen jetzt noch Knöpfe für die Jacke«, sagt Jan.

Jule holt drei Steine und drückt sie dem Schneemann als Knöpfe in den Bauch.

Sie spielen auch am Nachmittag mit dem Schneemann, und als sie am Abend nach Hause gehen, beschließt Jan: »Wir nehmen den Schneemann lieber mit ins Haus. Sonst friert er wie die Katze!« Gemeinsam tragen Jan und Jule den Schneemann in den warmen Heizungskeller. »Morgen früh tragen wir ihn wieder nach draußen und bauen eine Schneefrau für ihn«, sagt Jule.

Am nächsten Morgen gehen Jan und Jule in den Keller. Sie wollen den Schneemann holen. Aber im Keller ist kein Schneemann mehr. Nur eine Wasserpfütze und drei Steine.

Wo wohl der verschwundene Schneemann geblieben ist? Wir lassen die Kinder erzählen, was sie im Schnee schon erlebt haben, und fragen sie, warum der Schnee nicht immer liegen bleibt und was wohl aus dem Schnee dann wird.

Wir kochen einen Schneemann

Hier können die Kinder das Schmelzen des Schneemanns von Jan und Jule nacherleben. Sie bauen einen ca. 20 cm großen Schneemann mit Steinen als Knöpfe und Gesicht und einem Metallmessbecher als Hut. Der Schneemann wird in einer Pfanne auf den Herd gestellt. Während die Pfanne nun immer heißer wird, schmilzt der Schneemann zusehends. Wie in der Geschichte bleiben nur eine Wasserpfütze und die festen Teile übrig.

Nun sollten die Kinder erzählen, woran man in der Geschichte erkennen kann, dass es Winter ist. (Es hat geschneit, die Kinder ziehen warme Sachen an, die Katze zittert vor Kälte.)
Dann sprechen wir mit den Kindern darüber, welche Kleidung zu welchem Wetter (welcher Jahreszeit, welcher Temperatur) passt. Das nachfolgende Spiel vertieft das Thema.

Frieren und schwitzen

Das folgende Spiel ist ein Frage- und Antwortspiel zwischen uns und den Kindern. Wir stellen die Fragen in Versform.

> *In seinem Zimmer steht ein Mann,*
> *der hat 'ne Badehose an.*
> *Er schlottert und er zittert sehr*
> *und mit den Zähnen klappert er.*
> *Was ist denn mit dem Mann nur los?*
> *Sagt, warum zittert der denn bloß?*

Die Kinder äußern sich dazu. Der friert, dem ist kalt u. Ä.

> *Was kann der Mann dagegen tun?*

Die Kinder machen Vorschläge: Heizung andrehen, dicke Kleider anziehen usw.

> *In seinem Zimmer steht ein Mann.*
> *Mal sehn, was zieht er denn jetzt an?*
> *Ein Hemd, eine Hose, die Strümpfe, sehr gut,*
> *Pullover und Jacke und noch einen Hut,*
> *den Mantel, den Schal, jetzt wird ihm schon heiß.*
> *Was ist denn nur los, warum wischt er den Schweiß?*

Mögliche Antworten der Kinder: Weil ihm zu heiß ist, weil er zu warm angezogen ist. Der soll die Heizung abdrehen, den Mantel ausziehen usw.

> *Jetzt zieht er Schal und Mantel aus*
> *und in den Schrank legt er den Hut.*

166

Dann setzt er sich auf einen Stuhl
und sagt: »Jetzt geht's mir endlich gut!«

Wir stellen, während wir den Fragevers sprechen, zur Verdeutlichung das Frieren und Schwitzen pantomimisch dar. Darüber hinaus können die Fragen zwischen den drei Versteilen erweitert werden, damit der Zusammenhang zwischen Kleidung, Frieren und Schwitzen deutlich gemacht werden kann. Nachdem der gesamte Versblock ausführlich durchgesprochen wurde, kann er gespielt werden.

Während wir den Text noch einmal langsam sprechen, spielen die Kinder pantomimisch das, was im Text ausgedrückt wird. Die Fragen zwischen den Textblöcken sollten möglichst kurz beantwortet werden (siehe Vorschlag).

Die Kinder spielen nicht nur das Frieren und Schwitzen, sondern stellen auch das An- und Ausziehen der Kleidungsstücke dar.

Fünf Finger wärmen sich

Fünf Finger sitzen dicht an dicht.
Sie wärmen sich und frieren nicht.
Der erste sagt: »Auf Wiedersehn!«
Der zweite sagt: »Ich will jetzt gehn!«
Der dritte hält's auch nicht mehr aus.
Der vierte geht zur Tür hinaus.
Der fünfte ruft: »He ihr, ich frier!«
Da wärmen ihn die andern vier.

In der Ausgangshaltung umschließen die vier Finger den Daumen. Nacheinander werden dann – bei den entsprechenden Textstellen – alle Finger ausgestreckt:

Bei der Textstelle »Der erste sagt …« beginnt man mit dem Zeigefinger und macht weiter, bis als fünfter Finger der Daumen übrig bleibt. Mit der letzten Textzeile wird die Hand wieder geschlossen, sodass die Finger den Daumen wärmen. Damit ist die Ausgangsposition wieder erreicht und das Spiel kann von vorn beginnen.

167

Knopf auf – Knopf zu

Vor Durchführung des Spiels sollten wir mit den Kindern bereits das Auf- und Zuknöpfen geübt haben. Im folgenden Spiel wird diese Tätigkeit nun intensiv, aber in spielerischer Form weitergeübt.

Vor dem Spiel müssen wir einige »Knopfwürfel« herstellen, mit denen nach dem Zufallsprinzip entschieden wird, wie viele Knöpfe ein Kind auf- oder zuknöpfen soll. Das Spiel wird mit drei Knopfwürfeln gespielt, ca. fünf bis sechs Kinder bilden eine Spielpartei. Die Anzahl der herzustellenden Knopfwürfel richtet sich also nach der Gruppengröße bzw. nach der Anzahl der Spielparteien.

Beim Knopfwürfel werden jeweils ein blauer und ein roter Knopf an der glatten Knopfseite (Vorderseite) zusammengeklebt, sodass die leicht gewölbten Rückseiten der Knöpfe nach außen zeigen. Drei dieser Würfel werden in einem Würfelbecher (Joghurtbecher) kräftig geschüttelt, dann wird der Becher umgekippt.

(Beim Herstellen der Knopfwürfel sollten wir darauf achten, dass der rote und der blaue Knopf gleich schwer sind, damit der Würfel später nicht immer auf der gleichen, schwereren Seite liegen bleibt.)

Spielverlauf:

Wir führen den Kindern die drei Knopfwürfel vor, machen ein paar Probewürfe und zeigen ihnen, dass manchmal die rote und manchmal die blaue Knopfseite oben liegt. Bei dem Knopfspiel geht es darum, Knöpfe an einer Jacke entweder auf- oder zuzuknöpfen. Die roten und blauen Knopfseiten der Würfel entscheiden, wie viele Knöpfe zu- und wie viele aufgeknöpft werden. Als Gedächtnisstütze erinnern wir die Kinder an den Warm- und Kaltwasserhahn (siehe Seite 82): »Rot bedeutet warm, blau bedeutet kalt. Wenn wir es warm haben wollen, müssen wir uns zuknöpfen, also bedeutet die rote Würfelseite ›zuknöpfen‹. Wenn wir uns aufknöpfen, wird es uns kälter, also bedeutet blau ›aufknöpfen‹.«

Dann lassen wir die Kinder abwechselnd würfeln und das Ergebnis laut verkünden: Wenn z. B. bei einem Wurf eine rote und zwei blaue Knopfseiten oben liegen, sagen die Kinder: »Einen Knopf zuknöpfen, zwei Knöpfe aufknöpfen.«

Wenn die Kinder die Zuordnung roter Knopf/zuknöpfen, blauer Knopf/aufknöpfen begriffen haben, beginnt das eigentliche Spiel. Wir hängen eine Jacke mit möglichst vielen Knöpfen (mindestens fünf) über die Rückenlehne eines Stuhles. Zwei Knöpfe am unteren Rand sind bereits zugeknöpft, die anderen sind offen. (Die Jacke sollte möglichst aus nicht zu dickem Stoff und leicht zu knöpfen sein.)

Jetzt würfeln die Kinder abwechselnd und setzen ihr Würfelergebnis sofort in Aktion um: Zuerst wird zugeknöpft, für jeden roten »Würfel« ein Knopf. Anschließend werden so viele Knöpfe wieder aufgeknöpft, wie blaue »Würfel« geworfen wurden. Dann wird neu gewürfelt. Sind bei der Jacke weniger Knöpfe zugeknöpft, als blaue Würfel gefallen sind, so werden nur die noch vorhandenen Knöpfe aufgeknöpft.

Das Spiel ist beendet, wenn der letzte oberste Knopf der Jacke *zugeknöpft* wurde.

Eine weiße, unberührte Schneefläche bietet uns gute Möglichkeiten, mit den Kindern eine Reihe von spielerischen Übungen durchzuführen. Die ersten Übungen fördern die motorischen Fähigkeiten der Kinder, danach folgen Übungen, bei denen die Kinder die Begriffe »rund« und »eckig« sowie »Kreis« und »Viereck« durch Gehen und Sehen erfahren.

Folge der Spur

Bei Neuschnee gehen wir mit den Kindern nach draußen und suchen eine möglichst große, zusammenhängende Schneefläche (Hof, Spielwiese usw.), die noch keine Fußspuren aufweist. Wir bitten die Kinder, sich am Rand der Fläche aufzuhalten und sie vorerst nicht zu betreten.

Ein Kind geht voraus und spurt eine gerade Fährte in den Schnee. In einigem Abstand folgen die anderen Kinder. Sie dürfen nur in die Fußstapfen des Fährtenlegers treten, jeder Schritt daneben ist möglichst zu vermeiden. Deshalb sollte ein kleineres Kind die Schrittlänge bestimmen.

Da wahrscheinlich die Spur schon nach dem dritten oder vierten nachfolgenden Kind ziemlich zertrampelt sein wird, können wir auch mehrere Fährten parallel nebeneinander legen lassen, denen jeweils nur drei oder vier Kinder folgen. Schwieriger wird dies Übungsspiel, wenn man die Spur mit ganz kleinen Trippelschritten legt.

Meine Spur ist deine Spur

Jeweils zwei Kinder stehen sich in 4 bis 5 m Entfernung gegenüber. Zwischen ihnen ist eine Schneefläche ohne Fußspuren. Die beiden Kinder bewegen sich nun in gerader Linie direkt aufeinander zu, treffen sich ungefähr in der Mitte, halten sich dort aneinander fest und balancieren vorsichtig umeinander herum, wobei sie nur in Fußstapfen treten dürfen, die entweder sie selbst oder ihr Partner verursacht haben. Dann gehen sie in den Spuren des anderen zurück. Sind beide am Ausgangspunkt des Partners angelangt, darf nur eine einzige Spur im Schnee zu sehen sein.

Auffliegender Vogel

Diese Übung ist sehr schwierig und wird wahrscheinlich von motorisch unsicheren Kindern nicht zu bewältigen sein. Wir erzählen den Kindern, dass man oft Spuren von Vögeln im Schnee beobachten kann, die unvermittelt enden. An dieser Stelle sind die Vögel aufgeflogen. Wir zeigen den Kindern, dass man spätere Betrachter von Spuren verblüffen kann, wenn man den Eindruck erweckt, dass hier ein Kind aufgeflogen ist:

Man geht einige Schritte in eine Schneefläche hinein, bleibt dann stehen und verharrt in der Schreitbewegung, um darauf ganz vorsichtig in den eigenen Spuren zum Ausgangspunkt zurückzugehen. Betrachtet man anschließend die Spur, so sieht es so aus, als habe sich jemand plötzlich in Luft aufgelöst oder sei weggeflogen.

Schneckenhaus

Die Kinder bilden hintereinander eine Reihe und fassen die Schultern oder Hüften des davor stehenden Kindes. Wir stellen uns an die Spitze der Reihe und alle gehen mit kleinen trampelnden Schritten los. Diesmal kommt es nicht darauf an, die einzelne Trittspur hinterher zu erkennen, es soll vielmehr eine deutlich erkennbare Spur (Trampelpfad) im Schnee entstehen. Wir führen die Kinder in einem großen Kreisbogen durch den Schnee, schließen allerdings den Kreisbogen nicht, sondern gehen innen an der Kreislinie entlang, sodass eine Spirale (Schneckenhaus) entsteht. Sind wir im Mittelpunkt der Spirale angekommen, halten alle Kinder an und drehen sich in die Gegenrichtung. Das letzte Kind der Reihe wird jetzt zum ersten. Der eigenen Spur folgend gehen sie nun in immer größeren Kreisbögen nach außen, bis das Ende der Spirale, der Ausgangspunkt, erreicht ist. Anschließend betrachten die Kinder das schöne Riesenschneckenhaus, das sie in den Schnee getrampelt haben.

Nachdem die Kinder die Kreisform auf ganz elementare Weise kennen gelernt und abgeschritten haben, folgt nun die Übertragung ins Feinmotorische.

Ein Kreis entsteht

Die Kinder zeichnen mit Filzstift konzentrische Kreise, indem sie vorgegebene Schablonenformen umfahren. Sie beginnen mit einem großen Kreis, in den sie dann nach und nach immer kleinere Kreise zeichnen. Als Hilfsmittel können dienen: große Teller, kleine Teller, Untertassen, Tassen, Knöpfe usw.

Die Arbeitsanweisung erfolgt durch einen Vers. Nachdem der erste große Kreis um den Teller gezeichnet ist, nehmen wir eine Tasse zur Hand und beginnen den Spruch und das Zeichnen von neuem. Das Wort »Teller« wird durch »Tasse« ersetzt. Die Kinder zeichnen gleich mit. Wir sagen:

> *Unsern Teller legen wir*
> *auf das weiße Malpapier.*
> *Mit einer Hand wird er ganz fest*
> *auf das Malpapier gepresst.*
> *Nun fährt der Stift mit großem Schwung*
> *mal rechtsherum, mal linksherum.*
> *Und linksherum und rechtsherum*
> *und rechtsherum und …*
> *Teller weg! Was ist zu sehn?*
> *Ein dicker Kreis, rund und schön!*

Wenn es den Kindern Spaß macht, können sie anschließend die Flächen zwischen den Kreisen in jeweils anderen Farben ausmalen.

Zeitungsfalten

Bei diesem Spiel teilen die Kinder eine Viereckform und erfahren spielerisch, was ein Viereck ist und dass bei dem Spiel eine neue Viereckform entsteht.

Spielverlauf:
Jedes Kind hat von uns ein Zeitungsblatt bekommen. Alle üben jetzt das Falten der Zeitung. Durch jedes Falten wird die Zeitung um die Hälfte verkleinert.

Wenn die Kinder das Falten beherrschen, beginnt das Spiel. Dazu bekommt jedes Kind eine große Doppelseite einer Zeitung. Die Kinder verteilen sich im Raum und stellen sich auf ihr Zeitungsblatt. Wir stellen uns ebenfalls auf eine Zeitung und sagen:

Ich steh auf einem Zeitungsblatt,
das, wie ihr seht, vier Ecken hat:
eins, zwei, drei, vier.

Wir deuten dabei auf die Ecken. Der Spielgedanke ist, dass alle ihr Blatt immer kleiner falten und sich auf das Blatt stellen. Bedingung dabei ist, dass man, auf dem Blatt stehend, stets die vier Ecken sehen und zählen kann. Daraus ergibt sich, dass die Kinder nach einiger Zeit auf einem Fuß stehen müssen (mindestens so lange, bis sie die vier Ecken gezählt haben).
Einige geschickte Kinder werden es vielleicht sogar schaffen, nur auf dem Fußballen zu stehen.
Ist das Spiel beendet, wird die Zeitung wieder entfaltet und es kann von neuem begonnen werden.

Herr Rund und Herr Eckig

Die Kinder kleben verschiedene Materialien so auf einen rechteckigen Karton, dass eine menschenähnliche Figur entsteht. Dabei soll die eine Figur, Herr Rund, nur aus runden Teilen zusammengesetzt werden. Die andere, Herr Eckig, darf nur aus eckigen (vier- oder dreieckigen) Teilen geklebt werden. Herr Rund wird wahrscheinlich einem Schneemann ähneln, Herr Eckig einem Roboter. Es dürfen die verschiedensten Materialien verwendet werden (Papier, Pappe, Metall, Plastik, Holz). Bedingung ist nur, dass sich die Teile miteinander verkleben lassen.
Einige Vorschläge für Herrn Rund: Rumpf ist ein alter Topfdeckel; Beine und Arme könnten entweder aus Schraubverschlüssen, Bierdeckeln, Käseschachteln oder ausgedienten Holzrädern usw. gebildet werden; Finger sind Korken, die in Scheiben geschnitten werden; Augen sind Kronkorken, Holzperlen usw.; die Haarlocken werden aus Papierröllchen geklebt.

Herr Eckig lässt sich leichter bauen, da Pappe ein gutes Grundmaterial darstellt und Schuhkartons, Schachteln, Rückseiten von Zeichenblöcken usw. ohnehin eine viereckige Grundform haben. Augen, Nase und Mund könnten z. B. aus Streichholzschachteln gebaut werden, wobei beim Auge in die nach oben offene Streichholzinnenschachtel noch kleine Holzklötzchen als Pupillen geklebt werden können. Leere Kosmetik- und Medizinschachteln (leere!) könnten ebenfalls Verwendung finden.

Die beiden Figuren werden im folgenden Spiel (»Spuren im Schnee«) eingesetzt.

Spuren im Schnee

Wir erinnern die Kinder an die Spuren, die sie im Schnee gelegt haben. Wir schlagen den Kindern ein Spiel vor, bei dem Herr Eckig besucht werden soll. Wenn man zu Herrn Eckig gelangen will, muss man einen weiten, eckigen Weg durch ein riesiges Schneegebiet zurücklegen. Herr Eckig ist schwer zu finden. Nur wenn man einen Weg wählt, der ganz eckig ist, kann einem das gelingen. Man braucht keine Angst zu haben, dass man den Rückweg nicht mehr findet und sich verläuft, denn man braucht ja nur die Spuren im Schnee zurückzuverfolgen.

Die Spuren im Schnee werden im Spiel aus Knöpfen gelegt.

Spielverlauf:

Wir verteilen an jedes Kind in der Gruppe die gleiche Anzahl von Knöpfen. Bei Spielbeginn stehen die Kinder in einer Ecke des Raumes. Ihnen diagonal gegenüber, in der anderen Ecke, steht Herr Eckig. Ein Kind beginnt nun, eine Spur zu ziehen, indem es die Knöpfe in einigem Abstand voneinander auf den Boden legt, sodass eine Linie entsteht. Spielregel ist, dass jedes Kind mindestens eine Ecke bildet (in einem spitzen oder rechten Winkel). Hat das erste Kind seine Knöpfe (ca. 10) ausgelegt, folgt das nächste Kind. Es kann entweder die Linie des Vorgängers in gleicher Richtung verlängern und erst nach einigen Knöpfen die Richtung wechseln oder aber gleich mit dem ersten Knopf die Richtung ändern und so eine Ecke bilden. Nacheinander legen alle Kinder ihre Knöpfe an. Der Weg (die Linie) darf sich an keiner Stelle überschneiden. Haben alle Kinder ihre Knöpfe angelegt und sind noch nicht bei Herrn Eckig angelangt, verteilen wir noch einmal Knöpfe. Herr Eckig steht in seiner Ecke auf dem Boden; die Knopfspur muss ihn berühren. Die Spur wird also auf dem letzten Abschnitt besonders viele Ecken haben müssen, damit sie Herrn Eckig genau trifft.

Sind die Kinder bei Herrn Eckig angekommen, nehmen sie ihn mit und sammeln auf dem Rückweg alle Fußspuren ein. Anschließend besuchen alle auf ähnliche Weise Herrn Rund. Diesmal darf der Weg nur aus Kurven und Bögen bestehen.

175

UNSER KÖRPER

Jan ist krank

 Jan liegt schon seit drei Tagen im Bett. Er ist krank. »Wann kommt denn der Arzt?«, fragt er seine Mama.

»Ich weiß auch nicht. Er müsste eigentlich schon längst hier sein«, antwortet Mama.

Da klingelt es auch schon. Gleich darauf kommt der Arzt in Jans Zimmer. Er gibt Jan die Hand. »Guten Tag, ich bin Doktor Finkenstein«, sagt er dabei.

»Guten Tag. Ich heiße Jan«, antwortet Jan.

»Wo tut's dir denn weh?«, fragt der Arzt. Er legt seine Hand auf Jans Stirn und fühlt, ob er Fieber hat.

»Wenn ich schlucke, tut es hier weh«, sagt Jan und zeigt auf seinen Hals.

»Da wollen wir gleich mal nachschauen«, sagt Doktor Finkenstein. »Streck mal deine Zunge weit heraus! – Du musst den Mund dabei aufmachen, sonst kann ich nichts sehen!«

Mit einer kleinen Lampe leuchtet er in Jans Mund. »Ziemlich rot!«, meint er dabei.

Dann leuchtet er in Jans Ohren. Dabei zieht er an Jans Ohrläppchen. »Ohrenschmerzen hast du wohl keine«, stellt er fest.

»Nein, aber meine Nase muss ich immerzu putzen«, antwortet Jan.

»Am besten, ich untersuche dich mal gründlich«, sagt Doktor Finkenstein. Zuerst klopft er mit dem Zeigefinger auf Jans Brust. Dann muss sich Jan auf den Bauch drehen. Vorsichtig klopft der Arzt auf Jans Rücken.

»Bin ich arg krank?«, fragt Jan.

»Nein. Nächste Woche kannst du schon wieder draußen spielen«, sagt Doktor Finkenstein. Er greift in seine Arzttasche und holt eine kleine Schachtel heraus. »Hier sind Tropfen«, erklärt er Jans

176

Mutter. »Davon geben Sie Jan gleich einen Teelöffel voll. Aber vorher gut schütteln!«

Dann verabschiedet er sich von Jan. Mama bringt Doktor Finkenstein zur Wohnungstür und kehrt zurück in Jans Zimmer.

Jan hüpft auf seinem Bett herum. »Krieg ich jetzt meine Tropfen?«, fragt er dabei.

»Aber Jan!«, ruft Mama. »Du bist doch krank! Hör sofort auf zu hopsen!«

»Wieso?«, fragt Jan erstaunt. »Der Arzt hat doch gesagt: Vorher gut schütteln!«

Mama lacht. »Du sollst dich nicht gut schütteln. Die Medizin muss geschüttelt werden!«

Wir sprechen mit den Kindern über Krankheit und Arzt. Wir versuchen eventuell vorhandene Ängste der Kinder vor dem Arzt dadurch abzubauen, dass wir die Aufgabe des Arztes erklären und damit das Thema versachlichen. Wir erklären den Kindern z. B., warum der Arzt in den Mund schauen will und dazu manchmal sogar eine Lampe oder ein flaches Hölzchen benutzt (belegte Zunge, rote entzündete Mandeln). Falls wir weitere typische Diagnosemethoden kennen, erklären wir diese den Kindern.

Ziel all dieser Bemühungen ist es, der ärztlichen Untersuchung den »magischen Charakter« zu nehmen.

Hinweis:
Wir vermeiden es bei allen Gesprächen und nachfolgenden Spielen zum Thema Krankheit und Arzt, das Wort Angst zu gebrauchen, um bei den Kindern, für die das Thema nicht angstbesetzt ist, erst gar keine Angst zu erzeugen.

Wir spielen Arzt

Wir spielen mit den Kindern einen Arztbesuch. Die Kinder liegen auf dem Boden. Zunächst spielen wir den Arzt und besuchen nacheinander die Kinder. Ziel des Rollenspiels ist es, den Kindern typische Behandlungsmethoden zu zeigen und ihnen dadurch die eventuelle Angst vor dem Arztbesuch zu nehmen. Außerdem lernen die Kinder, ihre Körperteile richtig zu benennen.

Spielverlauf:
Wir gehen von Kind zu Kind. Wir sagen zum Beispiel: »Öffne deinen Mund!« (Leuchten mit der Taschenlampe) »Zeig mir deine Zunge!« »Lass mich in deine Ohren sehen!« (Taschenlampe) »Reich mir deine Hand!« (Fühlen und Puls zählen) »Zeig mir deinen Bauch!« (Abtasten des Bauches) »Lass mich deinen Rücken sehen!« (Rücken abklopfen) »Wo tut es dir weh?« (Die Kinder denken sich jeder etwas anderes aus.) »Hebe dein Bein!« »Zeige deinen Fuß!« usw.
Die Kinder können auch die Rollen tauschen und uns untersuchen oder sich gegenseitig untersuchen.

Hinweis:
Falls die Kinder die Geschlechtsteile benennen wollen, sollten wir dies nicht abblocken, obwohl »Sexualkundeunterricht« nicht im Zusammenhang mit dem Thema Krankheit erfolgen sollte.

Kribbel-krabbel

Dieser Spielvers ist eine elementare Übung zum Erlernen der verschiedenen Körperteile.
Wir sitzen einem Kind gegenüber. Wir krabbeln dem Kind an der Nase. Dazu sprechen wir:

> *Kribbel, krabbel – krase,*
> *ich krabbel an der Nase.*

Dann krabbeln wir dem Kind am Ohr und sprechen dabei:

> *Kribbel, krabbel – krohr,*
> *ich krabbel dich am Ohr.*

So können wir alle Körperteile benennen und die Namen gleichzeitig richtig zuordnen und bemühen uns, die Übung durch das Kitzeln so lustbetont wie möglich zu gestalten.

Wenn das Kind schon einigermaßen sicher ist, spricht es gemeinsam mit uns das letzte, entscheidende Wort aus oder sagt es sogar ganz allein.

Hier einige Vorschläge:

Kribbel, krabbel – krund – Mund, krein – Bein, krar – Haar, krals – Hals, krauch – Bauch, krie – Knie usw.

Spiegel

Nachdem wir im vorigen Spiel verschiedene Körperteile der Kinder berührten und sie dabei benannten, erfühlen sie nun selbst ihren Körper.

Wir stellen uns mit nicht mehr als drei Kindern vor den Spiegel und benennen einen Körperteil, indem wir z. B. unsere Nase berühren und dazu sagen: »Hier ist meine Nase.«

Die Kinder folgen dem Beispiel, fassen sich selbst an die Nase

und benennen sie. Sie können sich dabei selbst im Spiegel beobachten. Wir stehen am günstigsten hinter den Kindern, die sich nicht umdrehen, sondern nur im Spiegel sehen dürfen.

Finger und Zehen

Die Finger besuchen die Finger:
»Hallo, Freunde, wie geht's?«

179

Die Zehen besuchen die Zehen:
»Hallo, Freunde, wie steht's?«

Jetzt besuchen die Finger die Zehen.
»Guten Tag, die Herren! Lange nicht gesehen!«

Spielverlauf:
Die Kinder sitzen barfuß auf dem Boden.
Bei der ersten Zeile führen sie die Finger der beiden Hände zueinander. Die Finger begrüßen sich, indem sie aneinander trommeln. Bei der nächsten Doppelzeile werden die Zehen aneinander gelegt. Bei der letzten Zeile fassen die Kinder mit den Händen die Zehen beider Füße und wackeln mit ihnen.

Die fünf Finger

Ich heiße Daumen, *bin dick und nicht groß.*
Ich heiße Zeigefinger, *doch zeig ich nicht bloß.*
Ich heiße Mittelfinger *und steh mittendrin.*
Ich heiße Ringfinger, *trag gern einen Ring.*
Ich heiße kleiner Finger *und bin zwar nur klein,*
doch möchten die andern nicht ohne mich sein!

Augen, Nase, Mund und Ohr

Wir sprechen den Kindern den Vers vor. Die nachgesetzten Reimwörter lassen wir von den Kindern sprechen.

Mit den Füßen kann man gehen,
mit den Augen kann man – sehen.
Auf den Knien kann man kriechen,
mit der Nase kann man – riechen.
Mit den Händen kann man winken,
der Mund kann essen und auch – trinken.
Sand im Auge, das kann stören,
mit den Ohren kann man – hören.

Das Knopfkind

Ein Kind legt sich auf den Fußboden. Die anderen Kinder fahren mit Kreide am Körper des Kindes entlang und ziehen seine Umrisslinie am Boden nach. Das liegende Kind spreizt die Arme und Beine weit von sich und winkelt den Arm im Ellenbogen, das Knie im Kniegelenk etwas ab. So sind später bei der Umrisszeichnung Knie und Ellenbogen leicht zu lokalisieren. Die Finger werden ebenfalls abgespreizt.

Nachdem das Kind wieder aufgestanden ist, stellen wir den Kindern ein großes Gefäß mit Knöpfen zur Verfügung und lassen sie einzelne Körperteile der Umrissfigur aus Knöpfen nachbilden oder durch Knopfreihen begrenzen.

Zuerst werden Augen, Nase und Mund gelegt. Wir fragen: »Wo müssen die Augen der Figur hin? Wer möchte die Augen legen?« Nachdem ein Kind Knöpfe als Augen gelegt hat, fragen wir weiter: »Wo muss die Nase hin? Wer kann die Nase aus Knöpfen legen?« Dann den Mund, die Ohren, die Finger. Bei den weiteren Körperteilen lassen wir die gesuchten Teile nicht ganz mit Knöpfen ausfüllen, sondern nur eine Begrenzungslinie legen. Wir fragen etwa: »Wo hören die Hände auf?« Daraufhin legen die Kinder eine Knopflinie in Höhe der Handgelenke. »Wo hören die Arme auf? Wo hört der Kopf auf, wo fängt der Hals an?« Je nach Wissensstand der Kinder kann es bei einer groben Benennung bleiben, oder es kann stärker differenziert werden in Ellenbogen, Schultern, Kinn, Stirn, Brust, Bauch, Backen usw.

Anstelle der Flunkergeschichte steht auf Seite 182 ein Flunkergedicht. Die Spielregeln bleiben die gleichen wie bei einer Flunkergeschichte. Da in manchen Sätzen zwei Begriffe ausgetauscht werden könnten, z. B. bei »Mit den Augen kann man riechen« (»Mit der Nase kann man riechen« oder »Mit den Augen kann man sehen«), ist in jeder Zeile das Wort, das ausgetauscht werden soll, hervorgehoben.

Die sehenden Ohren

Mit den Augen *kann man riechen,*
mit der Nase *kann man kriechen.*
Mit dem Hals, *da kann man winken,*
mit dem Hintern *kann man trinken.*
Mit den Händen *kann man schmecken,*
mit dem Rücken *kann man lecken.*
Mit dem Bein, *da kann man singen,*
mit den Ohren *kann man springen.*
Hören kann man mit den Zehen,
mit der Zunge *kann man sehen.*
Mit den Armen *kann man spucken,*
mit den Fingern *kann man gucken.*

Jule ist eifersüchtig

Jan liegt schon seit vier Tagen im Bett. Er ist krank, er hat Grippe. Mama sitzt ganz oft bei ihm am Bett. Sie fragt: »Was wünschst du dir denn heute zum Essen?«

»Gar nichts, ich hab keinen Hunger«, antwortet Jan.

»Ich mag Pommes frites mit Hähnchen«, sagt Jule.

»Erst mal sehen, was Jan mag«, sagt Mama. »Er ist schließlich krank.« Sie fragt Jan: »Soll ich Hähnchen mit Pommes frites kochen?«

»Mag ich nicht«, lehnt Jan ab.

»Oder Würstchen mit viel Senf und Ketchup?«

»Mag ich nicht«, sagt Jan.

»Wie wär's mit leckerem Obstsalat mit Quark?«, will Mama wissen.

»Mag ich auch nicht«, sagt Jan.

»Vielleicht Schokoladenpudding?«

»Ja gut, aber mit Erdbeeren«, antwortet Jan.

»Erdbeeren passen doch nicht zu Schokoladenpudding«, sagt Jule.

»Egal«, meint Mama, »wenn Jan es mag.«

Papa kommt von der Arbeit heim. Er geht gleich zu Jan ins Zimmer. »Ich hab dir etwas mitgebracht«, sagt er und setzt sich an Jans Bett. »Hier, ein Bilderbuch.«

»Das musst du mir aber gleich vorlesen«, sagt Jan.

»Na klar«, sagt Papa und liest die Geschichte vor.

»Gehen wir jetzt in den Keller, Papa?«, fragt Jule. »Du wolltest mir doch heute mein Fahrrad reparieren.«

»Nein, heute habe ich keine Zeit mehr, vielleicht morgen«, sagt Papa und geht in die Küche.

Mama ruft: »Jule, komm bitte essen.«

»Ich mag nicht, ich hab keinen Hunger«, ruft Jule zurück.

Mama kommt gleich zu Jule. »Um Gottes willen, du wirst doch nicht auch krank werden?«, fragt sie.

»Doch, ich glaub, ich hab Fieber«, sagt Jule und legt sich ins Bett.

Papa kommt und setzt sich auf Jules Bettkante. »Na, mein krankes Hühnchen, geht's dir schlecht?«, fragt er und streicht Jule zärtlich über die Stirn.

»Wenn du mir auch eine Geschichte vorliest, geht's mir bestimmt schon besser«, antwortet Jule.

Papa dreht sich zu Mama um. »Krank ist Jule nicht«, sagt er, »aber ich glaub, sie ist eifersüchtig.«

»Das ist ja auch kein Wunder«, sagt Mama, »wir haben uns ja nur noch um Jan gekümmert.«

Papa streichelt Jules Hand. »Ein Glück, dass wir rausgekriegt haben, dass du eifersüchtig bist. Wenn du noch einmal so ein Gefühl hast, sagst du es am besten gleich. Ja?«

Mama lacht: »Dazu brauchst du dich nicht extra ins Bett zu legen.«

Warum ist Jule in der Geschichte eifersüchtig geworden?
Wir erklären, dass Jan und Jule keine »bösen« Eltern haben, die
Jule vernachlässigen, sondern dass der kranke Jan einfach mehr
Zuwendung braucht. Wir versuchen, bei den Kindern ein Bewusstsein dafür zu wecken, dass man einerseits lernen muss, ein gewis-
ses Maß an Eifersucht zu ertragen, andererseits Eifersuchtsgefühle
nicht in sich hineinfressen soll, sondern gleich darüber sprechen
besser ist.

Eifersucht

Wir spielen mit den Kindern das folgende Schattenspiel, bei dem
die Kinder eine Strategie gegen Eifersucht kennen lernen sollen.
Als Figuren eignen sich Holzlöffel, ein Pfannenheber und eine
Suppenkelle aus Metall. Die Kinder spielen mit uns und improvi-
sieren möglichst frei. Deshalb hier nur ein kurzer Handlungsvor-
schlag:
Der hölzerne Kochlöffel und der Metallpfannenheber sind gute
Freunde. Sie spielen immer zusammen, z. B. Fangen oder Verstecken. Oder sie spielen »sich gegenseitig streicheln«.
Eines Tages kommt die Suppenkelle dazu. Der Pfannenheber findet sie ganz toll, weil sie auch aus Metall ist. Wenn sie sich aneinander schlagen, gibt es einen schönen Ton; nun spielt er fast nur
noch mit der Suppenkelle.
Während sie spielen, schaut der Kochlöffel zu. Er ist eifersüchtig,
weil der Pfannenheber nicht mehr so oft mit ihm spielt wie früher.
Schließlich hat er eine Idee. Er geht zu den beiden anderen hin
und erklärt ihnen, dass es seiner Meinung nach langweilig klingt,
wenn der Pfannenheber und die Suppenkelle aneinander schlagen, weil es immer nur das gleiche Geräusch gibt. Er macht ihnen
den Vorschlag, das langweilige, metallene Geräusch dadurch schöner zu gestalten, dass sie alle drei abwechselnd aneinander schlagen. Die drei probieren es aus und sind von dem Spiel begeistert.
Während sie gegeneinander schlagen, fällt ihnen ein, dass man ja
auch zu dritt Fangen oder »sich streicheln« spielen kann. Das ist
noch toller als zu zweit.

MEIN UND DEIN

Mein Schlitten – dein Schlitten

Jule hat zu Weihnachten einen Schlitten geschenkt bekommen. Heute will sie ihn ausprobieren.

»Darf ich mitfahren?«, fragt Jan.

»Nein, das ist mein Schlitten, den probier ich allein aus«, sagt Jule.

»Zu zweit macht das Schlittenfahren aber mehr Spaß«, findet Jan.

»Na gut, du lässt mich ja auch manchmal mit deiner Eisenbahn spielen«, sagt Jule. »Dann zieh dich aber schnell an!«

Gemeinsam gehen die beiden zum Rodelhang. Dort sind schon viele Kinder.

Jan und Jule ziehen den Schlitten ganz hinauf und fahren gemeinsam hinunter.

»Den Schlitten bergauf zu ziehen dauert ja ewig. Und bergab geht so schnell!«, ruft Jule und ihre Haare flattern im Wind. Das Schlittenfahren macht wirklich viel Spaß. Sie wechseln sich ab, einmal sitzt Jan vorn, einmal Jule. Der Nachmittag geht schnell vorbei.

»Jetzt müssen wir aber nach Hause, es wird schon dunkel«, sagt Jule.

»Tschüs, ich geh schon mal vor«, sagt Jan, »du kannst mit deinem Schlitten ja doch nicht so schnell laufen wie ich.«

»Halt, halt!«, ruft Jule. »Soll ich denn den Schlitten allein nach Hause ziehen?«

»Na klar. Ist doch dein Schlitten«, sagt Jan.

»Du spinnst ja wohl! Zuerst fahren wir den ganzen Tag gemeinsam auf meinem Schlitten und jetzt soll ich ihn allein nach Hause ziehen«, ruft Jule zornig.

»Ist ja schon gut, du hast ja Recht«, gibt Jan zu. »Dann bringen wir den Schlitten eben gemeinsam heim. Du kannst ziehen und ich schiebe.«

In einem Gespräch mit den Kindern sollte über diese Themen gesprochen werden:

1. Eigentum darf nicht als Machtmittel missbraucht werden. (Beispiel: Nicht derjenige, dem der Fußball gehört, bestimmt über Anfang und Ende des Fußballspiels.)

2. Eigentum kann geteilt werden. (Bonbons teilen, Spielzeug verleihen usw.; siehe auch »Jules Geheimnis« auf Seite 43)

3. Wer etwas geliehen hat, soll auch die Verantwortung dafür übernehmen. (Schlitten zurücktragen, mit geliehenen Sachen sorgsam umgehen usw.)

Im Anschluss können wir ein lustiges Spiel anbieten.

Der wandernde Schuh

Die Kinder sitzen im Kreis. Jedes Kind hat seinen rechten Schuh ausgezogen und in der Kreismitte auf einen Haufen gelegt. Wir nehmen nun einen Schuh und reichen ihn einem Kind. Der Schuh wird im Uhrzeigersinn weitergereicht.

Dazu sprechen alle:

> *Der Wanderschuh, der Wanderschuh,*
> *der wandert weiter immerzu.*
> *Gehört er dir, dann zieh ihn an,*
> *sonst wandert er zum Nebenmann.*

Die Kinder können den Schuh mit ihrem eigenen Schuh am linken Fuß vergleichen. Hat ein Kind seinen passenden Schuh gefunden, zieht es ihn an und darf mit einem neuen Schuh aus der Kreismitte das Spiel weiterführen.

Was mir gehört – was uns gehört

> *Meine Augen, meine Haare*
> *und mein Bauchnabel hier,*
> *meine Finger, meine Ohren*
> *gehörn ganz allein mir.*

Mein Heft und mein Nachthemd,
meine Schuhe, mein Tier,
meine Socken, meine Hose
gehörn ganz allein mir.

Unsre Wohnung, unser Keller,
unsre Küche, unser Klo
gehörn uns allen zusammen
und das Bad ebenso.

Unser Haus – unsere Stadt

Die folgende Bastelarbeit bietet Anlass, über gemeinsames Arbeiten und Gestalten nachzudenken. Zunächst bekommt jedes Kind einen Druckstempel (»seinen« Druckstempel) von uns und druckt damit ein Muster.

Ein sehr viel interessanteres Bildergebnis entsteht aber, wenn mehrere zusammenarbeiten und ihren Druckstempel für ein gemeinsames Bild (»unser« Bild) zur Verfügung stellen.

Wir haben verschiedene Druckstempel vorbereitet, mit denen folgende vier Grundformen gedruckt werden können: ein großes Rechteck, ein Dreieck, ein kleines Rechteck, ein Quadrat, das durch eine senkrechte und eine waagerechte Mittellinie in vier Einzelquadrate unterteilt ist.

187

Die Druckstempel können aus Kartoffeln geschnitten werden (Kartoffeldruck), es könnten aber auch Kartonstempel verwendet werden, die aus starkem Karton ausgeschnitten sind. Die Kartonstempel werden vor dem ersten Abdruck angefeuchtet, damit sie nicht zu stark saugen und die Farbe gut abgeben. Möglich wäre auch eine Kombination aus Karton (große Teile) und Kartoffeldruck.

Zuerst soll jedes Kind ein Probeblatt stempeln. Auf einem zweiten Blatt Papier könnten die Kinder dann versuchen, aus ihrer Stempelform Muster, Reihen, Ornamente usw. zu gestalten. Natürlich sind viele Versuche möglich, aber jedes Kind hat am Schluss *sein* Blatt, das es mit *seinem* Stempel bedruckt hat.

Erst jetzt zeigen wir, dass eine Kombination der vier Einzelformen ein Haus ergibt. Das große Rechteck ist die Seitenfläche des Hauses, das Dreieck wird als Dach darauf gesetzt, das kleine Rechteck ist die Tür, das unterteilte Quadrat das Fenster (siehe Abbildung).

Nun können sich immer vier Kinder zusammentun, ihre Einzelformen gemeinsam einsetzen und so ein Haus drucken. (Die große Rechteckform möglichst in hellen Farben drucken, die Fenster-

und Türform in dunkleren Farben darüber drucken.) Während der Übung gehen wir von Kind zu Kind. Wir helfen – falls es notwendig ist – und unterstützen die Arbeit auch verbal:

Aus deinem Dach und deinem Fenster wird euer Haus.
Aus meinem Stempel und deinem Stempel wird unser Haus usw.

Auf einem großen Blatt können alle Kinder der Gruppe gemeinsam eine Stadt entstehen lassen, indem die Einzelgruppen auf verschiedene Stellen des Blattes Häuser drucken, so lange, bis das ganze Blatt mit Häusern bedeckt ist. Damit die Häuser nicht zu gleichförmig aussehen, werden die Kinder die Farben öfter wechseln. Außerdem sollten wir schon am Anfang darauf achten, dass wir die Druckstempel nicht alle gleich groß machen, sondern die Rechtecke, Dreiecke usw. für jede Einzelgruppe in immer anderen Formaten schneiden.

Rätsel

Frage:

> *Was ist das:*
> *Ich geb es dir –*
> *und doch gehört es fest zu mir?*

Antwort (Dabei schüttelt der Fragende dem Kind, das die Antwort nicht errät, die Hand):

> *Meine Hand, die geb ich dir –*
> *und doch gehört sie immer mir!*

In der Vorlesegeschichte wurde nicht nur das Thema Eigentum angesprochen, es ging auch um verschiedene Geschwindigkeiten in Verbindung mit dem Schlittenfahren (hinauf = langsam, hinunter = schnell) und um verschiedene Bewegungsarten (Ziehen – Schieben, hier »übersetzt« in Führen und Folgen).
Diese Themen werden in den nun folgenden Spielübungen be-

handelt. Gegebenenfalls lesen wir den Kindern die Geschichte noch einmal vor.

Schön wäre es natürlich, wenn wir vorher mit den Kindern Schlitten fahren könnten.

Schlittenreihe

Alle Kinder bilden eine Reihe (die »Schlittenreihe«), bei der ein Kind immer einem anderen in kurzem (räumlichem und zeitlichem) Abstand folgt.

Die Reihe wird auf ein vorher festgelegtes visuelles und akustisches Signal hin gebildet (Blickkontakt mit dem Kind, Triangel). Wenn alle Kinder in die Reihe einbezogen sind, wird sie nacheinander wieder aufgelöst. Das geschieht ebenfalls auf ein vorher festgelegtes akustisches Signal hin (Triangel).

Spielverlauf:

Wir sprechen mit den Kindern über das Schlittenfahren. Sicherlich haben alle Kinder schon einmal beobachtet, dass man viele Schlitten hintereinander bindet. Diese Schlittenreihe soll im Spiel dargestellt werden.

Die Kinder sitzen gleichmäßig im Raum verteilt auf dem Boden. Wir gehen langsam durch den Raum – wir spielen einen Schlitten, der zwischen den einzelnen Kindern durchfährt. Jetzt schauen wir einem Kind in die Augen (visuelles Signal: Blickkontakt) und gehen, während wir es unverwandt ansehen, dicht an ihm vorbei, ohne es zu berühren. In dem Augenblick, wo wir dem Kind am nächsten sind, schlagen wir auf den Triangel (akustisches Signal). Daraufhin steht das Kind auf und geht dicht hinter uns her, möglichst ohne uns zu berühren.

Das Schlittenpaar macht seinen Weg durch den Raum, bis wir auf die schon beschriebene Art und Weise ein zweites Kind in die Reihe holen. So wird fortgefahren, bis alle Kinder eingereiht sind. Wir gehen in großen, sich schlängelnden Wegen und achten darauf, dass die Schlange hinter uns keine Abkürzungen macht. Am Anfang werden wir öfter um ein noch sitzendes Kind herumfahren.

Wenn alle Kinder eingereiht sind, fahren sie um gedachte Hindernisse herum. Wir sagen z. B.: »Vorsicht, ein Baum!« oder »Jetzt alle um den Zaun herum!« o. Ä. Wenn alle Kinder in der Schlittenreihe »fahren«, kann die Reihe wieder aufgelöst werden.

Das Auflösen der Schlange haben wir ebenfalls vor Übungsbeginn erklärt: Akustisches Signal zum Auflösen ist ein Schlag auf Glocke oder Triangel. Nach jedem Schlag löst sich derjenige, der die Reihe anführt, aus der Reihe und kommt am Boden zur Ruhe. Das geht am besten so:

Wir schlagen die Glocke an (akustisches Signal), lösen uns aus der Reihe, fahren noch ein kurzes Stück, werden langsamer und setzen uns dann hin. Die Reihe bewegt sich weiter. Das erste Kind der Reihe hat jetzt automatisch die Führung übernommen.

Nach einer kurzen Weile schlagen wir erneut die Glocke an. Das erste Kind schert nun aus der Reihe aus, fährt noch ein kurzes Stück, bis der Schlitten langsam zum Stillstand kommt, und setzt sich ebenfalls hin. Das zweite Kind hat nun die Führung übernommen. So wird fortgefahren, bis alle Kinder auf dem Boden zur Ruhe gekommen sind. (Die Kinder setzen sich möglichst gut im Raum verteilt, damit die Schlange Gelegenheit hat, um einzelne Kinder herumzufahren.)

Hinweis:

Während der Übung sollten die Kinder möglichst nicht sprechen. Das setzt voraus, dass die Aufgabenstellung vorher genau erklärt und verstanden wurde (besonders Ablauf und Signale). Bei Kindern, die im »Führen und Folgen« noch unerfahren sind, kann als Variante gespielt werden, dass die Kinder sich während des »Schlittenfahrens« alle anfassen, zumindest beim ersten Mal.

Schlittenfahren

Die folgende Spielübung stellt einige Anforderungen an die Aufnahme- und Wahrnehmungsfähigkeit der Kinder.

Die Kinder bilden nacheinander Schlittengespanne. Ein Gespann besteht aus zwei Kindern, die – ohne sich zu berühren – mit geringem Abstand hintereinander hergehen. Das vordere Kind bestimmt das Tempo und den Weg (Führen), das hintere Kind folgt dem vorderen (Folgen), kann aber durch ein akustisches Signal (Flötenkopf) bestimmen, ob das Gespann fahren oder stehen bleiben soll.

Spielverlauf:

Wir erklären den Kindern die Arbeitsweise eines Gespanns:

Das vordere Kind lenkt und bestimmt gleichzeitig, ob der Schlitten schnell oder langsam fährt. Das hintere Kind bläst auf dem Flötenkopf den pfeifenden Wind. Solange der Wind pfeift, fährt der Schlitten. Wenn der Wind aufhört zu pfeifen, hält das Gespann an.

Wenn die Kinder die Technik des Gespannfahrens begriffen haben, lassen wir alle Kinder paarweise nacheinander einmal fahren. Nun sind wir sicher, dass alle Kinder die Aufgabenstellung verstanden haben, und das eigentliche Spiel kann beginnen.

Die Kinder sitzen gut verteilt im Raum. Alle Kinder bilden die Hindernisse, an denen die späteren Gespanne vorbeifahren müssen, ohne sie zu berühren. Wir wählen das erste Gespann aus und erklären ihm, dass es sich auf ein akustisches Signal hin (Gong oder Zimbel) auflösen soll. Das geschieht auf folgende Weise: Während das Gespann sich noch durch den Raum bewegt, schlagen wir den Gong. Jetzt kommt das vordere Kind langsam zum Stillstand und setzt sich hin; das hintere Kind hört auf zu pfeifen, sucht sich ein am Boden sitzendes Kind seiner Wahl und gibt diesem die Flöte.

Das Kind, das die Flöte erhalten hat, bildet mit dem Kind, das vorher den Wind auf der Flöte geblasen hat, ein neues Gespann. Das Kind, das vorher »folgte«, wird nun zum führenden Kind und bestimmt Tempo und Richtung des Weges. Das hintere (neue) Kind bestimmt, wann abgefahren und gerastet wird. Das Gespann fährt so lange im Raum herum, bis wiederum das Signal ertönt.

Die Hand, die steigt den Berg hinauf

1. Kind: *Die Hand, die steigt den Berg hinauf.*
Jetzt bleibt sie erst mal stehen:
Soll ich klopfen, soll ich zwicken,
soll ich weitergehen?

Das 2. Kind sucht sich eine der drei Möglichkeiten aus. Zum Beispiel: Klopfen!

1. Kind: *Die Hand, die steigt den Berg hinauf.*
Jetzt bleibt sie …

So wird weitergespielt, bis das 1. Kind den Schlussvers spricht:

Die Hand, die steigt den Berg hinauf.
Jetzt steht sie endlich obendrauf,
von da oben rutscht sie munter
– ssssssst – den ganzen Berg hinunter.

Spielverlauf:

Zwei Kinder spielen das Fingerspiel zusammen. Das erste Kind beginnt mit der ersten Zeile des Verses und lässt dabei seinen Zeige- und Mittelfinger am Unterarm des zweiten Kindes in kleinen »Schritten« hochsteigen.

Nach der zweiten Zeile bleiben die Finger stehen, das Kind stellt die Frage. Bei der Antwort »Klopfen« klopft das erste Kind mit den Fingerknöcheln an den Arm des zweiten.

Bei der Antwort »Zwicken« wird es von den Fingern leicht in den Arm gekniffen.

Bei der Antwort »Weitergehen« gehen die Finger in der beschriebenen Weise weiter, während gleichzeitig der Vers gesprochen wird.

Der Schlussvers wird gesprochen, wenn die Finger auf der Schulter angelangt sind. Bei »sssssssssst« rutscht die Hand ganz schnell am Arm herunter, bis zu ihrem Ausgangspunkt. Von dort aus kann das Spiel neu beginnen.

Immer höher – immer tiefer

Von unten steig ich immer weiter hoch.
Von oben fall ich in ein tiefes Loch.

Beim Sprechen der beiden Zeilen bemühen sich die Kinder, das Aufsteigen und Absteigen stimmlich so auszudrücken, dass sie bei Beginn der ersten Zeile *(Von unten …)* in der tiefstmöglichen Stimmlage sprechen, langsam mit der Stimme über die Normallage in eine hohe Stimmlage übergehen, bis sie schließlich das letzte Wort der ersten Zeile *(hoch)* in der höchstmöglichen Stimmlage (Mickymausstimme) piepsen.

In der gleichen Stimmlage piepsen sie auch noch das erste Wort der zweiten Zeile *(Von oben …)*, lassen dann mit jeder Silbe ihre Stimme tiefer werden, bis sie mit *Loch* im tiefsten Bass angelangt sind.

194

Rodelspaß

Text und Musik KNISTER

Lang - sam zieh ich mei - nen Schlit - ten

auf den Berg mit ruhi - gen Schrit - ten.

Sau - se, Schlit - ten, saus ge - schwind,

bis wir wie - der un - ten sind.

Da dieses Lied ganz einfach ist und in seiner Melodie genau der
Tonleiter folgt, können wir die Kinder das Lied ohne großes Üben
gleich auf Melodie-Instrumenten begleiten lassen (Glockenspiel,
Xylophon, C-Flöte usw.).

Zungenbrecher

Hundert Schlittenhunde ziehen hundert Hundeschlitten.
Wenn Schweine schnell im Schneefeld traben,
fällt Schnee schnell in den Schweinegraben.
Lieber langsam laufen als schnell stolpern!

Winterfreuden

 Bei »Immer höher – immer tiefer« (Seite 194) haben die Kinder einem An- und Absteigen der Tonhöhe das Aufsteigen auf einen Berg und das Absteigen von einem Berg zugeordnet (Hoch und Tief). Jetzt sprechen wir mit den Kindern noch einmal über das Schlittenfahren. Dabei stellen wir besonders heraus, dass beim Aufstieg auf den Schlittenhang der Schlitten hochgezogen werden muss und die Wegstrecke langsam zurückgelegt wird, während bei der Talfahrt des Schlittens dieselbe Wegstrecke sehr viel schneller bewältigt ist.

Dieses langsame Aufsteigen auf den Berg und das schnelle Bergabfahren werden nun auf das Xylophon übertragen.

Wir spielen mit sehr langsamen Schlägen eine aufsteigende Tonleiter. Die Kinder folgen mit schweren Schritten den metrischen Schlägen des Instruments.

Bei der absteigenden Tonleiter wählen wir das Metrum dann sehr schnell. Es wird von leichten, kurzen Schritten der Kinder begleitet. Da der Tonumfang des Xylophons sehr klein ist, ist die Wegstrecke, die die Kinder zurücklegen, sehr kurz, die Abfahrt ist sehr schnell vorbei. Man kann den Tonumfang des Xylophons künstlich verlängern, wenn man beim schnellen Abwärtsspielen jeden Ton zweimal anschlägt und damit die Abfahrt verlängert.

Beim Aufsteigen bewegen sich die Kinder, dem Metrum des Instruments folgend, langsam im Uhrzeigersinn. Zum Abwärtsfahren

196

drehen sich die Kinder um und laufen, dem neuen schnellen Metrum folgend, nun gegen den Uhrzeigersinn. Beim folgenden Aufsteigen auf den Berg wird wieder die Richtung gewechselt und im Uhrzeigersinn gegangen. Wir achten darauf, dass zu Beginn der Übung nicht alle Kinder dicht nebeneinander auf einem Haufen stehen (und so losgehen), sondern dass sie in ungefähr gleichen Abständen voneinander an den Wänden des Raumes verteilt sind. Das Xylophon haben wir in einer Ecke des Raumes aufgebaut. Abwechselnd dürfen auch Kinder das Instrument spielen und damit die Gruppe führen.

Schlittenfahrt

Langsam geht's den Berg hinauf,
man kommt ganz leicht ins Schwitzen.
Drum macht man öfter eine Rast
und bleibt ein bisschen sitzen.

Schnell geht es den Berg hinab:
Auf den Schlitten, eins, zwei, drei,
der Schnee fliegt weg, der Fahrtwind saust –
schon ist die Fahrt vorbei.

REGISTER

Theater- und Schattenspiele

Spielen

Ausdrucks- und Bewegungsspiele

Sprachspiele, Zungenbrecher

Fingerspiele

Rhytmische Spiele

Flunkergeschichten

Lieder

»Action!«